智記優品

講故王 著

香港趣聞掌故

老香港
昔日生活篇

香港人不得不知
的老香港昔日生
活趣味小掌故！

式微行業 X 消失的景點 X 舊時的娛樂 X 老香港文化

本書帶你回味香港獨特的港式情懷，一起撫今追昔！

特別收錄：「香港估你唔到系列」有趣的冷知識故事

（增訂第二版）

香港情懷
06

香港

趣聞掌故

老香港昔日生活篇（增訂第二版）

作者
講故王

出版
超記出版社（超媒體出版有限公司）

地址
荃灣柴灣角街 34-36 號萬達來工業中心 21 樓 2 室

電話
(852）3596 4296

電郵
info@easy-publish.org

網址
http：//www.easy-publish.org

香港總經銷
聯合新零售（香港）有限公司

上架建議
地理旅遊

ISBN
978-988-8778-98-0

定價
HK$68

Printed and Published in Hong Kong

目錄 Contents

目錄 Contents

目錄 Contents

PART V

冷知識特輯
香港估你唔到系列

PART I

式微行業

時代每天轉變，昔日在大街小巷也能看到的行業，現在已越來越少了，例如寫信佬、火水佬、補鑊佬、梳頭婆、箍煲佬、擦鞋仔、扛鐵佬、人力車扶和講故佬，現在就讓我們定格在舊日的香港，向這批已隱沒在歷史洪流的「打工仔」致敬！

古法線面

▲只要一條線，一盒海棠粉，就可以除掉面毛、死皮和污垢。

　　說起脫面毛，現今不少人會選擇激光方法去除。但上一代的人會找師傅替自己線面，隨著時代進步，線面的手藝漸漸式微。

　　古法線面是中國古代的一種美容脫毛術，已有幾千年歷史，可以線走面上雜毛、油脂、死皮。在上個世紀二、三十年代的女士，幾乎人人皆會，姐妹間會互相幫對方線面。只要一條線，一盒海棠粉，就可以除掉面毛。

　　開始前，先在面上塗一層海棠粉，再利用綿線打出一個結，然後手口並用，用口緊咬線頭，兩手同時拉緊線的兩端，將棉線緊貼著對方皮膚，透過線結的拉扯和磨擦，把面毛、死皮和污垢一一清走。如今，線面手勢已步向夕陽，但不乏一些支持者，她們仍堅持找線面師傅替自己「扮靚靚」，原因是線面過程天然、無化學成份，脫毛效果比機器更好。

香港刀王

▲ 曾經紅極一時的磨刀手藝現已瀕臨失傳的危機

「磨剪刀，磨菜刀⋯⋯」在上紀七、八十年代，在大街小巷不時會找到磨刀匠的蹤影，他們一邊走，一邊高呼著替人磨刀的叫賣口號。他們的工具不多，肩膊托著一條長板櫈，上面固定著一塊磨石，旁邊掛一個工具包，裝著各種磨刀用的工具。哪戶人家有需求，喊一聲就行，磨刀匠馬上開工，哪怕是生鏽的剪刀或變鈍的菜刀，經過磨刀匠一磨，頓時煥然一新，鋒利無比！

現代人講求效率，今天人們已不用磨刀或磨剪刀，若果菜刀或剪刀變鈍了，他們會索性棄掉，直接買新的。街頭巷尾再也尋不到磨刀匠的身影，仍然堅持下來的老師傅已寥寥可數，曾經紅極一時的手藝現已瀕臨失傳的危機。

最近香港吹起懷舊風，堅守磨刀手藝的老師傅成了傳媒的寵兒，訪問一個接一個，其中最受注目的是有著「香港刀王」之稱的陳當華。在他出生的年代，磨刀業非常盛

行，父母為了讓他有一技之長，可以搵食糊口，於是送他去跟師傅學藝，沒想到這一磨，就是大半輩子。隨著磨刀業漸漸息微，許多行內人士中途已轉行，但陳當華卻專心致志，堅持到底。

他的堅持，是有回報的。隨著香港旅遊業的興起，許多外國人被他的技術震撼，紛紛慕名而來，許多外國客人已成了他的鐵粉，定期會從德國、日本、美國等幾十個國家來港找他磨刀。

事實上，沒有一種機械磨刀能取代人手磨刀！經過匠人的打磨，一把尋常的刀具都會變成鋒芒不可當的利器。但有幾多都市人會重視這門手藝呢？此外，磨刀過程所花費的時間太長，力氣太多，又不賺錢，有幾多新一代願意投身這一行？縱然得到部分外國人的欣賞，但隨著時代的發展，磨刀匠人終有一天難免要退出歷史舞台。

廚師的絕世好砧板

▲木質砧板較塑膠砧板壽命長

砧板表面有止滑作用，能確保用家落刀安全，不會切親手。一塊好的砧板，令菜刀的起落流暢，增加烹飪樂趣的同時，亦能確保食材衛生。

長輩常說「一塊砧板傳三代」，指的就是木質砧板，如果使用得宜，木質砧板真的可以用上二、三十年都不壞。不過新一代主婦普通嫌木質砧板太重，外型不討好；大多會轉用輕巧便宜又款式多樣的塑膠砧板。

不過，木質砧板耐熱，壽命也較長，刀痕還會自己「癒合」；塑膠砧板雖然輕巧又便宜，但切割過程製造的摩擦會令塑膠砧板釋出膠碎，經食物進入人體，影響健康。近年，木質砧板的識貨之人越來越多，令木質砧板的市場重現曙光。有專家指出，洗潔精是木砧板的大敵，若想清除遺留在砧板上的腥味，以粗鹽或蘇打粉刷洗，再以清水沖拭即可。只要保養得宜，它絕對有本事陪你三代同堂！

誰砸爛打更佬的飯碗？

▲古時的打更佬擔當著護衛員的角色

從 1905 年開始，香港才正式有街燈。在此之前，晚上的街道都是漆黑一片的，很多鼠竊狗偷都趁機出沒犯案。當時在港的華洋商人為了保護他們財產，便夾錢組織了一個治安隊，俗稱「打更佬」，他們負責晚上「打更」，逐條街道向居民報時，又用打鼓的聲音阻嚇壞人出動。

「打更佬」是怎樣打更的？

他們會用竹筒敲打銅鑼，敲打銅鑼的邊沿會發出「篤」，敲打銅鑼中央會發出「鏜」。中國古代將夜晚分為五更，一更大約相等於兩小時。打法如下：

● 打一更 (即晚上 7 點) 時，一慢一快，聲音如「篤！——鏜！」，連打 3 次；

● 打二更 (晚上 9 點)，連打兩次，聲音如「篤！鏜！」，「篤！鏜！」；

● 打 三 更 (晚 上 11 點) 時，要 一 慢 兩 快，聲 音 如

「篤！——錚！錚！」連打 3 次；

● 打四更（凌晨 1 點）時，要一慢三快，聲音如「篤！——錚！錚！錚！」連打 4 次；

● 打五更（凌晨 3 點）時，一慢四快，聲音台「篤！——錚！錚！錚！錚！」連打 5 次。

居民聽到多少下打篤錚聲，就知道時間。

大家可能問：為甚麼又不打六更（凌晨 5 點）呢？因為古人早睡早起，五更一過便開始起床做家務了。

打更佬除了報時和肩負保安工作外，遇到秋冬風高物燥，還會高喊「風高乾燥，提防火燭」，讓人們提高警惕。

港督失眠，竟致「打更佬」沒落？！

到了 1884 年 8 月 22 日，街上再沒有「篤篤錚錚」聲了，「打更佬」這個行業從此消失，原來事件與一個患失眠症的港督有關！

原來，當時一位英國老將軍德忌笠有嚴重的失眠症，晚晚無法安睡，加上晚上響亮的打更聲對他造成極大滋擾。於是，他乘港督戴維斯度假不在香港，以署理港督的身份，通過了一項禁令，就是一律禁止夜晚打更。

沒有了打更佬，晚上再沒有人在街上巡邏偵察，市民又再次提心吊膽，生怕鼠竊狗偷在黑漆漆的夜晚出沒。這項禁令一度令市民很不滿，可謂天怒人怨，但市民怯於官威，只得敢怒不敢言，最終打更佬這個行業就這樣壽終正寢。

與臭氣為伍的夜香婆

▲夜香婆從事最厭惡的職業，每晚為居民倒夜香，我們應該向她們致敬！

現代人生活舒適，如廁完畢後，拉一拉抽水馬桶就搞掂！

在舊日的香港，衛生設備欠佳，亦沒有抽水馬桶，每晚都會有夜香工人來敲門，高呼「倒夜香」，市民把盛滿家中各人糞便的馬桶放在門外，讓工人來清理。

戰前的樓宇沒有電梯，樓梯又長又窄，夜香工人每晚擔著糞桶上上落落，沒有足夠的體力哪裡辦得到？但奇怪的是，當年的夜香工人絕大部分是女性，男性即使從事這行業，都只是輔助角色，例如看守清糞車和在門外幫手接應等。大家知道為甚麼呢？原來當年重男輕女的觀念非常嚴重，堂堂大男人怎放得下尊嚴到各家各戶去拿糞呢？

天天與臭氣為伍

夜香工人的工作相當辛苦，除了要忍受與臭氣為伍的痛苦外，每天還穿梭山坡上的木屋區和各樓層的唐樓搬

糞，最要命的是幾乎全年無休。他們每年只有大除夕才可以休息一天，年初一又要繼續工作。除非颱風襲港，風球高掛，可不用上班外，其他日子即使橫風橫雨，也要冒著風雨開工。

夜香工人辛辛苦苦收集所有糞便後，會如何處理？答案就是把糞便送往港九兩岸的碼頭，船主會把糞便轉運至中國大陸珠江角洲一帶。因為當時中國大陸珠江角洲一帶以農業為主，對肥料的需求極大，糞便這種天然肥料正好切合需要。

倒夜香的古老工作尚未絕迹！

自從抽水馬桶普及之後，社會不再需要夜香工人了。不過這個工種仍未完全絕跡，根據食環署資料顯示，目前全香港還有 5 個地點需要倒夜香，1 個在觀塘、1 個在香港仔，另外 3 個則集中在油麻地，其中果欄更是大戶。果欄廁所的設計，仍是百年前的模樣，沒有接駁污水渠，而是保留用一個鐵盆放在蹲廁下收集糞便，然後每天靠夜香工人收集和清理。

陪你睇電影的解畫佬

▲在默片的年代，入戲院睇戲的時候，你一邊看戲，一邊有人高聲
旁述電影內容。

政府官員很多時要站出來替政策「解畫」，爭取市民支持；原來「解畫」在舊香港年代是一種職業，他們專責在戲院內替觀眾講解電影內容。

話說，在 1920 年代末以前，大部分電影仍是默片。所謂「默片」，即是無聲電影，就是沒有任何配音、配樂或與畫面協調的聲音的電影。把電影影像與聲音配合，以當時的技術來說很難做到，因此，直到 1930 年代中，所有影片皆為默片，只靠一些簡單的字幕來說明情節。在早期的香港，市民普遍知識水平低，文盲很多，根本看不懂字幕在說甚麼，於是，電影院便聘請專人在電影播放期間從旁解釋劇情，這個職位叫做「電影講解員」（俗稱解畫佬）。

在舊時的戲院，接近銀幕的牆邊會搭起一條長長的樓梯，有兩層樓高，最高處會設有一個鐵籠。電影即將播放

時，「解畫佬」會爬進鐵籠並坐好，然後扯高嗓子，全程向場內的觀眾大聲講解電影內容。

「解畫佬」是一個講求急才和臨場應變的職業，今天電影播放正場前先有試映，但以前沒有試映這回事，電影上畫頭一天，「解畫佬」才首次看，他根本無法預知電影背景和劇情發展，更遑論做資料蒐集。再者，電影螢幕顯示的字句都很簡短，若照稿讀會很沉悶，因此，「解畫佬」很多時要臨場爆肚，依據畫面內容和簡短字幕，再「加鹽加醋」，配合自己的無限幻想，把電影內容演繹出來。同一套電影在不同場次播放，解畫佬都會有不同的演繹，至於能否忠於原著，就不得而知了。

補鑊高手

▲廚具爛了，我們不加思索就會去買新的來替換；但以前生活貧困，即使東西爛了，也會想盡辦法去修補，補鑊佬應運而生。

今天「補鑊」一詞有做錯事改過的含意，在舊日的香港，「補鑊」卻是一門專業的行業。

以前的鑊全是由生鐵打造。生鐵本身不耐用，加上以前煮食用柴火，熊熊烈火很容易把鐵鑊燒穿，這時就要找補鑊佬修補。若裂孔輕微，可用鐵粉修補。方法是首先把鐵粉煮熔，燒成鐵水，然後淋在鑊內的裂孔處。在裂孔處的下方，平鋪一塊濕布，用來冷卻鐵水，把裂孔填密。補好之後，師傅會把鐵鑊燒紅，再用鎚子敲打，使補鑊處變得光滑。

如果裂孔太大，便要用鋸鋸出另一塊生鐵補上，並打釘固定，再用鐵水澆補。

以前師傅手工很好，驟眼看上去根本看不出修補過的痕跡。

搵命搏的苦力

▲苦力每天咬實牙關,靠勞力搵錢。

　　早期的香港有很多大小貨運碼頭,尤其是西環,海旁可以說全都是貨倉。無論是從中國大陸或台灣,又或是從外國進口運來的貨物,用於香港內銷或轉口也好,都要先貯存在貨倉裡。此外,遠洋大船不能直接泊碼頭,要通過躉船作轉運。這一上一落搬運貨物的工作都需要大量人手,苦力這個行業應運而生。

　　4、50年代,大批潮州、海豐、陸豐、鶴佬等籍貫人士移民到香港做苦力。當時,潮州人大多聚集於上環、西環、銅鑼灣等沿海一帶,在碼頭當搬運貨物的苦力,俗稱「咕喱」。

咕喱的艱苦日子

　　以前香港有「咕喱館」,承辦搬運勞動,有「大記」、「發記」、「榮記」等。受聘咕喱館的工人,要把自己的名字寫在竹片上反轉掛於牆上,稱「掛牌」;咕喱每天回

館開工，把竹牌「掛正」，外露名字，讓咕喱頭點名開工。咕喱館 24 小時分 4 更營業，每更 4 元，日薪計算。如果咕喱急需用錢，大可馬不停蹄，連開 4 更，不眠不休。

當年在上環的三角碼頭（又稱永樂街碼頭，現已拆卸），有很多苦力搬白米。每個苦力都是清一色的赤裸著上身，肩上托著一包重達百多二百磅的白米。這還不算，連接躉船至碼頭有一條寬度不足兩呎的木板，苦力們通過這條窄窄的木板來來回回搬貨。遇上那天風高浪急，躉船搖晃厲害，木板更顯搖搖欲墜，苦力一個不小心隨時連人帶貨一齊墮海，可見苦力的工作相當危險。

咕喱托起的貨物又大又重，與工人的體型和體重不成比例，已是司空見慣。但一般咕喱都肯搏肯捱，一句「鬼叫你窮啊，頂硬上啦」，便千斤擔子單肩挑，努力捱到目的地去。

現今香港已發展了現代化的貨櫃碼頭，運貨全靠機械取替人手，「咕喱」時代已結束了。

曾俊華曾做「苦力」

說起苦力，不說不知道，財爺曾俊華早前曾自爆當年自己也做過苦力。

話說，曾俊華年輕時在美國修讀建築，暑假曾到地盤實習兩個月，每天負責搬運 4 尺乘 8 尺、半吋厚的石屎板。他表示，雖然工資低，又要體力勞動，但工作經驗讓他深入認識多個建築工序和各類建築工人，對他修讀建築有莫大幫助云云。

上門 Sell 火水

▲在老香港，只有富貴人家才用得起火水爐，平民家庭還是用柴火煮食。

現代的家庭許多都是「無飯夫婦」，即是家中不用煮食，一日三餐都是在外面餐廳吃，若果要生火煮食，也會用煤氣爐、石油氣爐或電磁爐，相信新一代很多人都未見識過火水爐。

回想起戰後的香港，甚麼物資也短缺，除了食材不夠外，就連煮食的燃料也是一大問題。很多窮苦人家會跑往山邊或海邊的造船廠，收集一些免費的破木，甚至是木廠廢棄的木糠，拿回家作煮食燃料。

火水爐是昔日主要的煮食爐具

對於稍為付得起錢的人家，都會購置一兩個火水爐於廚房煮食。8、90後的年輕人可能從未見過火水爐是甚麼模樣。

火水爐由鐵皮所製，一般都是綠色和藍色的，底部可灌入火水，其實所謂的「火水」，正確的名稱應該叫「煤

油」，爐的中央部分內設多條棉芯，調節棉芯的高低可以控制火力的大小，只要先燃點棉芯，再將沙煲、鐵鑊等用具放在爐架上，即可煮食。燃燒火水的好處是不會產生大量的黑煙，感覺比較乾淨衛生，不過火水的氣味很濃烈，很多人也受不了。

火水佬街繞兜售火水

「糴米訂火水」，是當年每家每戶恆常要處理的事。每當家中的火水用得七七八八時，便要致電雜貨店訂購，健碩的火水搬運工人就會托着重重的一罐火水進門，助你把火水塞進灶底，再回收用完的火水罐。

此外，雜貨店為了提高生意額，更會派出員工，挑火水上街兜售叫賣，方便市民添補，市民叫這些隨街兜售火水的人叫「火水佬」。火水佬會挑著兩桶火水沿街叫賣，提醒主婦查看家中火水爐的火水是否用完。若用完，就要落街找火水佬添補。火水佬會帶著 4 個不同容量的勺子，分 1 兩、2 兩、4 兩和半斤，以及大小漏斗各一。

在 6、70 年代的香港，最易引發火災的是打翻火水爐。當年的木屋區，每家每戶都儲存了一罐罐的火水，只要有一戶不小心使用，就會釀成大災難，殃及池魚。

舊衫變新衫的染布佬

▲染一染，舊衫馬上變新衫！

染布佬即是上門幫人染布的人。

在舊日的香港，物質生活不及現在豐裕，普遍市民都不會浪費，對衣服布料更是物盡其用。當時，街上有很多染布佬，他們會當街高叫：「染衫、染褲、染布」，市民可以請他們入屋，把舊衣服拿給他們漂染；又或者把褪了色的衣服再染成深色都得，染色後就可以當成新衣服再穿。

染布佬的工具很簡單：小爐、四方形火水鐵罐和數種基本顏料（包括紅色、橙色、藍色、紫色等）。他們可即席替客人染布，先把顏料注入火水罐攪勻，然後放進舊衫，大約浸 1 個小時即成，客人認為顏色滿意，生意便完成了。

替人扮靚的梳頭婆

▲梳頭婆會上門替富有人家梳頭，也會在街頭即席替人扮靚。

　　以前，婦女是梳髻的。由於髻子纏在後面，自己不容易梳理，於是，比較有錢的婦道人家會選擇請梳頭婆上門替自己梳頭。

　　梳頭婆不是梳頭咁簡單，還要花盡心思，替富商太太設計新髮型。若果設計的造型成功令太太搶盡風頭，甚至其他太太也嚷著要跟著梳，這位梳頭婆就會生意滾滾來。

　　梳頭婆就像現代的美容師，除了主理梳頭外，還要顧及顧客的肌膚，因此她們一般會兼做線面。線面是古傳的一種美容護理方法，又稱纏面、勒面或挽面，在 2、30 年代的香港相當盛行。據講，線面可護理皮膚、去除雜毛、清理毛孔，令皮膚更滑淨，以達到多方面的美容效果。

　　進行線面之前必先在面上塗上海棠粉，令毛髮變得更明顯。梳頭婆會使用兩根細麻線，將線絧成剪刀狀，先從額頭及兩鬢開始，清除額頭部分的雜毛；之後，去除眼睛

和嘴脣四周、面部及後頸的毛髮。

雖然線面在 90 年代沉寂下來，但隨著人們對天然美容方法的需求，古法線面近年又再復興，不少美容院均提供線面服務。

式微行業之人力車伕

▲在中環（天星碼頭）附近，有人力車出租服務，想試坐的你可一嘗心願。

汽車從 1908 年傳入本港，但買得起昂貴汽車的人仍是寥寥可數，直到第一次世界大戰結束後，本港市區，除電車外，仍是以人力車（即黃包車）為主要交通工具。

人力車是在清末時候從日本傳到中國及東南亞地區來的，1883 年，人力車在香港出現，正式註冊成為合法和流行的交通工具。至 1920 年代，人力車進入全盛時期，全港有多達 3000 多輛。富家子弟更會購置私家人力車，長期僱用車伕，負責接送，好不威風！

早年在中環舊天星碼頭，送客人到上環信德中心、擺花街、文武廟等地方，一程半小時至 1 小時的車程，收費 200 元，非常和味，可以想像乘坐人力車的客人非富則貴。過去搭客以外籍人士、紳士最多，他們從尖沙咀搭天星小輪過海，再搭人力車去中、上環，給的貼士可高達 100 元。如果人力車伕早晚勤力載客，好運的話，每日可賺高達 5、6 百元！

隨着巴士、的士日益普及，人力車漸遭淘汰，至今已淪為夕陽行業。在 1968 年政府宣布停發人力車牌照，人力車正式被淘汰。今天在山頂、中環天星碼頭和尖沙咀還可見到人力車的蹤影，但只供遊人拍照或試坐而已。

點解叫黃包車？

大家有沒有發現，我們所見的人力車明明是紅色車身，上面有一個綠色的篷，為甚麼不叫「紅包車」或「綠包車」，而要叫「黃包車」呢？

原來，大家在香港見到的人力車，是經過多年的改進，才變成今天的樣子。黃包車是日本人發明的，所以又叫做「東洋車」。1870 年代，在上海，法國商人見租界交通日益繁盛，於是向有關當局申請，從日本引進人力車。

最初引入的人力車車身頗高，車輪用木料製成，行走時會發出刺耳的隆隆響聲，車身又顛簸不定，乘坐很不舒適，所以人們對這種交通工具，反應相當冷淡。當時人力車經營者有見及此，便改良車身的設計，首先將車身降低，然後以橡膠車胎代替木輪，讓乘客坐得更安穩舒適。接著，再將人力車的車身髹上鮮豔的黃色，以吸引顧客招徠，「黃包車」之名便由此而來。

變種再生的媒人婆

▲今日的香港女多男少，許多婚姻介紹所充當了「媒人婆」的角色，變種「媒人婆」服務又重新活躍起來。

在舊日的香港，仍有男女授受不親的傳統思想，婚姻一般靠媒人婆來撮合。媒人婆的職責是，要打探大戶人家有沒有待嫁姑娘或要成親的少爺，一打探到，便立即上門游說。接著，就是看看雙方的時辰八字是否配合。若然配對，便繼續商談；如果二人相沖或不夾，自然拉倒，媒人婆再另覓目標。雙方一旦成事，兩邊父母便會封回媒人婆利是作酬金。

媒人婆通常是由家族中德高望重，或是社會經驗豐富的女性長輩擔任，有些媒人婆原先是小商販，例如叫賣花果、裁製衣裳、賣胭脂水粉、替人梳頭，或是替人接生小孩等。由於從事這些行業的女性，人面較廣，常有機會出入各家各戶，消息也較靈通，哪家有女兒待嫁、哪家有公子還沒有娶親都瞭如指掌。透過媒人婆的撮合說項，讓兩個互不相識的男女結為夫妻，可說功不可沒。由此可見，

媒人婆這份職業不是人人啱做，講求人脈網絡和交際手腕，巴結到有錢人家，也要有本事替人家撮合姻緣才行。

有些媒人婆為了急於做成「生意」，不惜犧牲行業的名聲，言過其實，將對方的優點說得天花亂墜，卻刻意隱瞞缺點，造成男女雙方認知上的差距，直到洞房時才恍然大悟，大呼上當受騙。

後來，香港社會越來越開放，男女可以自由戀愛，盲婚啞嫁的年代正式結束，媒人婆的行業開始式微。不過，在今天的香港，女多男少，剩女越來越多，許多婚姻介紹所充當了「媒人婆」的角色，積極舉辦各種相親活動，變種「媒人婆」服務又重新活躍起來。

揸筆搵食的寫信佬

▲寫信佬已買少見少

　　早於 40 年代，香港已經有「寫信佬」，檔口主要集中在油麻地雲南里。大部分的客人是媽姐，她們多是隻身來港工作，一般要求寫簡單的家書。信件的內容多是問候對方、報平安、或是向親人提出物質的需求。

　　到了 70 年代，國內出現大逃亡潮，大量移民湧入香港，他們識字唔多，加上電話未普及，互聯網又未發明，要與鄉間親友聯絡，就得靠寫信佬，對寫信佬的需求更殷切。

寫信佬人工高過公司掌櫃

　　所謂「烽火連三月，家書抵萬金」。想當年，書信是人們唯一的溝通工具，在教育水平不高的社會，造就出「寫信佬」的職業，專門替人寫信。當年「寫信佬」非常風光，比起在大公司做掌櫃的收入還要多。

這些寫信佬一般受過良好教育，書寫流暢，甚至懂得寫詩作詞。他們除了替人寫信，更會替客人讀信。當時在大公司首席掌櫃才 400 元月薪，寫信佬寫一頁紙的家書收 10 至 20 元，假設他一天寫 40 封，一天的人工已高過首席掌櫃的月薪了！

英文猛人加入寫信佬行列

隨著經濟發展和識字率的上升，到了 80 年代，寫信佬險些被淘汰。就在這時候，有一批新力軍加入，分別是前政府公務員、退休幫辦。原來，當年廉政公署成立後，政府解僱了不少公務員，他們英文程度高，且熟悉政府部門的運作，加入寫信佬行業之後，可以替客人寫英文信和法庭信。

時移世易，今時今日的識字率提高及教育普及，寫信佬越來越少人做。現今 Whatapp、Facebook 等社交網絡當道，文書交往的社交模式經已經落伍，寫信佬這個行業已步餘暉。

專替人送信的巡城馬

▲在戰火連連的年代，家書抵萬金！

在清末民初時期，內戰頻仍，對郵遞服務造成很大影響，人們寄出的信件往往因地方戰亂而石沉大海。如果在香港要寄信返回中國內地，往往未到目的地已在中途被炸毀。

以前香港的中上環一帶，包括廣源東街、廣源西街，開設了很多書信館。這些書信館舖位很小，僱有幾名「巡城馬」，專責替客人把信件帶往內地，親自交到收信人手上。請巡城馬帶信，可選擇由發信人或收信人付款，這種服務有點像今天的速遞。

舊時香港人如果有信件寄去澳門，除了到中上環找「巡城馬」幫忙外，也可以找來往港澳的船員代勞。話說當年船隻抵達澳門後，並非立刻回航，最少也要半天時間進行補給或上落貨，這時，船員便有充分時間上岸送信，從中賺取「外快」。所謂「家書抵萬金」，送信人一般都

捨得付高昂的郵費，希望信件可如期送達。函件上寫有「到奉一元」，收到信的人便給予 1 元作酬，在當年坐電車只需 1 毫子，食白粥油炸鬼亦只需斗零（5 仙）的生活水平，1 元的數目認真不少。如果船員勤力一點，帶信的入息隨時多過正職的月薪！

替人整煲的箍煲佬

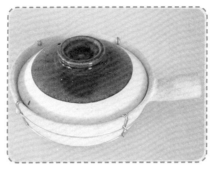

▲舊時的香港人最懂得物盡其用，日用品即使已破已爛，仍然不忍丟棄，箍煲的行業大行其道。

說起兒時，總感到以前所有用品都很耐用，偶爾物品損壞了，都可找到專人修理，例如補鑊、箍煲、修整雨傘、修補皮鞋等，大家都想盡辦法延續「他們」的生命，當時的社會比我們現在更懂珍惜。

以瓦煲為例，為了使其更耐用，箍煲佬會把瓦煲箍上鐵線，以防撞爛，這項工序簡稱「箍煲」。若鐵線被火燒壞，人們可以找箍煲佬修補。

男女感情出現問題，其中一方想去挽救，叫做「箍煲」。不說不知道，這個民間俗語是來自昔日的「箍煲」行業。

輟學養家的擦鞋仔

▲ 窮人的孩子早當家，當年擦鞋業最多童工。

　　「擦鞋仔」一詞的有「拍馬屁」的含意。原來在二次世界大戰之後，「擦鞋」曾是香港盛極一時的街頭行業，而當時街頭擦鞋的行業多數由小孩擔任。

　　1949 年之後，大量國內人民湧進香港，人口激增，社會貧民眾多。加上戰爭結束不久，市面蕭條，工作機會少。為了生計，小孩沒有機會讀書，更需要出外工作幫補家計，他們除了上街替人擦鞋外，還要派報紙、替人開車門等。

　　當時的香港，普遍有「先敬羅衣後敬人」的思想。西裝配皮鞋是男士必備之物，加上打工仔注重衣冠，鞋一定不能骯髒，擦鞋行業有很大的需求。

　　為了做成生意，「擦鞋仔」會各出奇謀：

　　話說，在 50 年代，韓戰爆發，美國軍艦以香港作補給站，很多水手來到香港。他們上街時愛找擦鞋仔擦鞋，

出手就是美金兩毫半 (相等於港幣 1 元 2 毫 5 分) 或者美金 1 毫 (相等港幣五毫)，非常闊綽。當時，擦鞋仔一般會三五成群結黨，以便互相照應。若遇有不肯擦鞋的水兵，擦鞋隊「前鋒」會把預先準備好的「白鞋水」(用來塗帆布鞋的) 潑在水兵的黑鞋上，跟著發足狂奔，逃之夭夭。這時，水兵看看腳上的黑皮鞋，連繩都染白了，就這樣返回戰艦一定遭長官責罰。正當他們狼狽不堪之際，擦鞋隊「後衛」就會出現，向這位不知所措的水兵兜搭擦鞋，水兵不知他們乃同謀，唯有乖乖付錢擦鞋。

榕樹下的講故佬

▲ 晚飯後到榕樹頭聽故,是以前的一大娛樂。

油麻地天后廟前的空地長有多棵大榕樹,是區內難得的「天然涼傘」,從前附近的居民在茶餘飯後,總愛來到榕樹下納涼,人流越來越多,於是吸引不少賣武、算命、唱曲和講故的賣藝者到此謀生。

以前講故佬愛在廟街的榕樹下面講故,他會在樹下擺放大約 50 張櫈仔,如果你想舒舒服服的坐下來聽他講故,只要付錢即可;如果站著聽講故,付錢與否,悉隨尊便。講故佬所講的「故」,通常都是《水滸傳》和《七俠五義》等民間故事。

自 70 年代政府把廟街劃為小販認可區後,廟街越見繁盛。每當夜幕低垂,各式各樣的攤販開始營業,除了講故,還有賣武、賣藥、睇相,每夜華燈初上,這裡熱鬧非常,吸引了世界各地的旅客慕名而來。

不過,現在來到廟街,很難找到講故佬,原因是在資

訊爆炸的年代，大家透過網路可享盡免費娛樂及資訊，不
用講故佬來解悶，講故佬的行業早已悄然而逝，歿入歷史
洪流之中。

執字粒：粒粒皆辛苦

▲ 字粒已被列入古董行列

在人人都有打印機的年代，只消按一個掣，便可把電腦文件印在雪白的 A4 紙上。錯了一個標點符號嗎？在電腦改正後再印過即可。若把時間推前 50 年，這一切都變得匪夷所思！

全人手操作的活字印刷

顧客希望印製一份單張，來到印刷廠，大約需要等 5 天至 1 星期。為甚麼要這麼久？首先，印刷廠收到稿後，要點算所需要的文字字粒及其數量，若字粒不夠就要去鑄字公司買。每次買，要買齊 26 個字母。例如要印一個名片，那人中文名叫關家琪，英文名是 Ka Ki Kwan，需要 3 個 K。剛好印刷廠沒有「K」，就要到鑄字廠買齊 3 套 A 至 Z 的字粒。買齊字粒後，師傅便要開工執出字粒排版。現代人有電腦幫手，要隔一個空位，按電腦 Space 鍵即可；想把文字移下一行，按電腦 Enter 鍵就搞掂；想每行

▲ 用電腦打字，按下 Space 鍵，即可快抓地替文字隔空位；在活字印刷的年代，就要靠俗稱「瓜打」的工具，替字粒隔空位。

文字整齊排列，電腦 Tab 鍵可以大派用場！但在執字粒的年代，就要靠不同型號的「瓜打」，它們是比字粒較細的定位鉛粒。師傅排版時需要計數，算準字粒外的空位，再攝上不同厚薄的「瓜打」。完成後，再用其他輔助工具如鉛線和鉛隔來固定字粒，這些配件砌成的板動輒重數十磅。接著，把整套字排版放入活字刷機裡印刷，每個階段都由人手操作，少一點力氣和耐性，都不能印出完美的印刷品。

　　現代人有電腦幫手，文字的字級大小和字款任君。但用字粒排版的年代，中文的字粒只有 7 種大小規格，字體最大的是特號，最細是 6 號，公司名稱通常使用 4 或 5 號，而人名使用 2 至 3 號，視乎設計而定；而中文字體的選擇

只有楷書、仿宋、黑頭、秀麗和長宋，若是遇到特別要求，便要找專人雕製。

6、70 年代，很多活字印刷廠的訂單多到做唔切，每天都在趕印著不同印刷品，除了固定伙記外，很多時要請散工趕貨。生意亦包羅萬有，有洋行合約、發票、收據、請帖等。但自從電腦柯式印刷流行後，活字印刷機已不再開動了，很多店舖已轉型做柯式印刷的生意，舖內的活字印刷機只供遊客拍照。

財爺曾俊華都做過執字粒

不說不知道，原來財政司司長曾俊華年輕時也靠「執字粒」賺外快。

話說，十多歲已赴美讀書的財爺，中學時已出來搵兼職，在紐約唐人街的中文報館工作。那時他一放學就跑到印刷房幫手「執字粒」，不過就未算熟手技工，一篇數百字的短文就得花上近 1 小時處理，執完雙手還染滿墨漬呢！

讓人死得風光的儀仗隊

▲大約 1920 至 1940 年，富有人家過身，家屬會為其風光大葬，送殯人員會遊街。

以前香港出殯流行遊街，孝子們披著麻衣，伴著棺木上街，富有人家為了讓死者風光大葬，會聘用儀仗隊，擔幡奏樂，浩浩蕩蕩，越多人越顯氣派。儀仗隊包括一個打大鼓、一個打小鼓、兩個吹喇叭。為狀聲勢，有錢人更會花錢再增聘幾名樂手。

儀仗隊中有人負責抬棺木，也有人負責抬亭。究竟抬甚麼亭？原來，以前出喪時大小花圈和各項祭品都會放在用木搭成的小亭內，勿小看這個小亭，隨時重過棺木。以前的人認為亭越重，代表祭品越多，葬禮越風光，但對負責抬亭的人就越辛苦。

由喪家住處抬到墳場，路程甚遠，而沿途有人致祭，又加上孝子賢孫傷心過度，步履緩慢，於是儀仗隊抬一段、停一段、一起一卸，抬亭的人膊頭認真受罪。抬完一次亭，那人的膊頭至少痛 3 至 5 日，因此，以前有句說話

叫「慘過抬亭」，形容工作很辛苦，比儀仗隊中那個抬亭的人還辛苦。

中環荷里活道一帶曾集結頗多的儀仗館，富有人家若家有喪事，都會到這裡聘請儀仗隊。後來，香港不斷發展，高樓大廈林立，人多車又多，可供儀仗隊遊街的地方不多，漸漸專為白事服務的儀仗館就被淘汰了。

失傳的木屐手藝

▲在舊日的香港，穿著木屐，盛極一時。

香港開埠初期，木屐差不多是普羅大眾慣穿的鞋子。

製造木屐的過程頗複雜：

Step 1：選購木材：先繪畫木屐的模型，再選用新加坡木、雜木或杉木等，跟著按圖樣鋸木，再用沙紙磨滑木屐的表面。

Step 2：批灰：因木材有很多小孔，經過批灰，令到屐面平滑，油漆會上得更靚。

Step 3：手繪圖案：在木屐上繪上各式圖案，師傅們一般繪工一流，花鳥蟲魚都畫得栩栩如生。

Step 4：釘上屐皮：這個步驟是在客人光顧時才做的，因要按著客人的腳型而調整屐皮形狀和大小，務使客人穿得舒舒服服。

不過，60 年代起，塑膠鞋大行其道，木屐抵不住衝擊，慢慢被淘汰了。據說，香港最後一間木屐專門店已在 1971 年結束營業。

為環保出力的收買佬

▲收買佬收買爛銅爛鐵，隨時執到寶，一朝發達！

在舊日的香港，收買佬這個行業成行成市，他們會把收集得來的東西，加以清潔、整理和分類，令廢物能循環再用，以今天的角度來看，非常合符環保原則。

採用以物易物作業

早期的收買佬多數採用以物易物的方式，他們會挑著兩個竹籮上街，還手拿搖鼓，左右搖動，發出聲響，一邊高叫：「換麥芽糖、換花生、換紅絲線、換針線。」這時，很多婦人會拿麥芽糖、花生、紅絲線或針線跑出來交換，她們交換甚麼？現在聽起來可能很可笑，就是脫髮、雞毛和鴨毛。

換脫髮、雞毛和鴨毛來做甚麼？原來，以前婦女流行梳髻，如果本身頭髮不夠多，就會借助假髮幫手。婦女把假髮取回來，就可以用來造假髮髻了。

至於雞毛和鴨毛，曬乾後可以用來做雞毛掃、枕頭褥和鴨毛扇等。

改為低價收購爛銅爛鐵

後來，收買佬會低價向市民收購爛銅爛鐵，他們挑著一個籮，用小鎚敲打小銅鑼，發出「噹噹」聲，並沿街高叫「收買爛銅爛鐵、爛金牙、雷公銅、朱義盛、爛銀器」。「雷公銅」是指白銅，「朱義盛」則指電鍍造的假金器。收買佬把收買回來的低賤貨品略為清洗和潤飾，就會轉手賣給適合的店舖。

收賣佬致富的傳說

當時有個收買佬發達的傳聞：話說，當時鴉片流行，很多二世祖抽鴉片抽到破產，連上一代遺下的家傳之寶也以賤價賣給收買佬。有個收買佬某日收得一個銅香爐，以1元成交，回家把香爐洗乾淨後，才發現是個金光燦爛的金香爐，重達 2 斤，最後成功賣得 1,000 元。收買佬一朝發達，還用 500 元買了間屋，與家人齊齊享福呢！

靠力為生的打鐵佬

▲在老香港，打鐵行業大行其道，生意滾滾來！

　　以前人們生活的必需品，除了木製外，還有用鐵造的。當年科技不及現在發達，很多都要靠人手搥打出來。打鐵匠一早就開工，由大清早就做到傍晚，而且不止一人開工，幾個人會無時無刻地在打鐵，轟轟作響，嘈吵得很！當年沒有嘈音管制條例，一般市民都敢怒不敢言。

　　有打鐵老匠憶述，以前打鐵這一行是當紅炸子雞（非常興旺），6、70 年代，街頭巷尾都有一間打鐵舖，以前還未有塑膠筒，很多家庭用具都是靠打鐵匠打出來，例如盛米的米桶、煮飯的鐵鑊、炒菜的鐵鏟、垃圾鏟、飯枱圓板、信箱、老鼠籠、冷氣槽、鐵閘、防盜欄、木方、鐵鎚、鐵鉗和剪刀等。全盛時期，打鐵老匠可謂日日做到無停手，連假日都要工作。

　　後來，塑膠製品流行起來，打鐵舖便逐漸式微，甚至被淘汰了。現時在香港懂得打鐵的師父已不超過十人，很少年青人會願意入行，相信在不久將來，此行業會成為歷史，從此消失。

替孕婦接生的穩婆

▲雅麗氏紀念產科醫院是全港第一所訓練助產士的機構

早年中國孕婦不太接受由西醫接生，通常都是請接生婆（又稱「穩婆」）回到家裡幫忙，窮苦人家甚至會自己動手。不過，古時的人認為「生仔好似攬過鬼門關」，因一般穩婆的衛生概念貧乏，她們會用未經消毒的竹篾、破瓦甚至生鏽的剪刀切斷臍帶，再用草紙灰、膏藥或鄞艾包裹嬰兒，結果導致母嬰感染，新生嬰兒易患破傷風症，產婦患褥熱症也不少；又因缺乏生產知識，無法應付難產，故此產婦和新生嬰兒死亡率高企。

1891 年，那打素醫院護士長史提芬夫人到任。她救活不少送院垂危的產婦，又應邀到家中救助難產婦人，自始華人慢慢接受西醫接生。

後來，在何啟和周少岐鼓勵下，多位華人領袖請求倫敦傳道會委派一位女西醫來港，他們更承諾負責醫生 5 年的薪金，又募捐興建產科醫院。1903 年西比醫生（ Dr.

Alice Sibree）到港，是本港第一位女西醫，翌年，雅麗氏紀念產科醫院啟用。西比醫生一面主理產科服務，一面訓練和監管助產士。由 1906 年起，受訓的助產士陸續畢業，自此西醫接生漸受華人歡迎。

20 至 30 年代，助產士成功建立了名聲，更在民間開辦私家留產所，為市民服務。到了今天，香港的產婦全部在設備完善的醫院分娩，並有產科醫生主理，母嬰死亡率較先進國家的還要低。

已絕跡的戲院廣告畫

▲以前，所有電影海報都是人手繪畫，每一筆都注滿汗水。

現在，新戲未上畫，已有鋪天蓋地的宣傳，戲院內、戲院外，甚至隧道口，都有大型的電腦廣告橫額，令人目不暇給！

在舊香港，電腦尚未普及，所有廣告都是人手畫出來的。以前掛在戲院前的巨型廣告畫，一般 20 呎乘 48 呎，好大塊，師傅聯同幾個徒徒仔會把廣告畫板切開幾份，各自畫好自己的部分後，然後再將各部分組合起來，情形好像砌 Puzzle 一樣。大家要好有默契，若果你有你畫，我有我畫，把幾塊畫板合併之後，就會不倫不類，拼唔成一幅完整的廣告畫。

一到雨天，主角就流眼淚

以前人手畫的廣告畫無遮無掩，就咁大大幅懸掛在戲院門外。畫廣告畫的顏料是一種粉末，如果下大雨，雨水會把粉末溶化，搞到畫中人甩皮甩骨。有見及此，每完成

一幅廣告畫，師傅及徒弟們就要齊心合力拿着熨衣服用的銅噴水壺，灌入膠漿，向廣告畫的主角面部噴膠，可以防水。

一幅廣告畫，最緊要主角塊面，剩係噴塊面都已經唔簡單！一噴就噴幾個鐘，全程都係蹲著，噴完後企起身已滿天星斗，暈陀陀了，這個工序最辛苦！

「新戲上畫」的由來

以前每逢有新戲，便會掛上一幅新的廣告畫，所以「新戲上畫」就是這意思。

以前，由尖沙咀沿着彌敦道，至現在太子一帶，全都是戲院，真的很多，每條街角有一間大戲院，而且戲院是獨立一座樓，只要坐巴士，在彌敦道走過，基本上好像看畫展一樣，兩旁全都掛着電影海報，觀眾就是憑這些大型電影海報，選擇到戲院看哪套電影。

一幅廣告畫一般需要一位師傅和兩至三位徒弟一起完成，做好後通常掛兩星期就要落畫，成本太高啦！後來，電腦噴畫技術日益進步，成本便宜，戲院於是不再聘用廣告畫師，行業漸漸式微，最終被淘汰。

PART II

消失的景點

香港近年的城市發展速度非常迅速，
不斷拆卸，不斷重建，即使做了保育
功夫，但重建後的模樣已面目全非。
重建，令舊貌不再重見！許多歷史景
點已消失得無影無蹤，只得從舊日發
黃的照片裡懷緬。

春園街昔日是紅燈區？

▲山道天橋為石塘咀的地標

　　春園街 (Spring Garden Lane) 位於灣仔，毗鄰修頓球場，是一條單線行車的窄巷。

　　1840 年代香港開埠初期，灣仔皇后大道一帶原為碼頭，從事鴉片、茶業貿易的英國商人顛地 (Lancelot Dent)，在現時「春園街」一帶擴建其花園洋房，其範圍由灣仔道伸展至大王東街。他的花園設有泉水池，故街名就順勢取名為「Spring Garden」，中文譯作「春園」。

　　後來，顛地破產，洋房人去樓空，「春園」也乏人打理。後來，華人勢力抬頭，富有的華人有能力買地，「春園」一帶被改建成中國式樓宇，並開闢了多條街道，包括春園街、舢板街 (現稱三板街) 等。

　　及至上世紀 2、30 年代，春園街、舢板街 (現稱三板街) 更一度淪為「大冧把」。所謂「大冧把」，俗稱「紅燈區」，指男人尋花問柳的地方。之所以叫「大冧把」，是因為當時的流鶯會在妓寨梯間旁顯著地寫上大大個門牌

號碼，方便嫖客尋找舊相好。

1935 年起政府嚴令禁娼，「春園街」仍有大量私寨，經警方多次執法，最終一間間私寨結業倒閉。但取而代之，卻是毒品販賣的九流之地，令這裡盜賊猖獗，風化案、自殺他殺的案件無日無之。

二次大戰之後，隨著修頓球場啟用，又鄰近香港大舞台，這裡又搖身一變成為小販擺賣的地方，這裡攤檔眾多，小販為了餬口，每晚長駐，好不熱鬧。

今天的「春園街」沒有流鶯妓寨，也不再是毒品販賣之地，小販檔也消失無蹤。時間流轉，商舖租客不斷更替，「春園街」早已從眾人注目的視線退了下來，變成一條尋常的橫街窄巷，新一代只知道穿過「春園街」就可以到達胡忠大廈，未必知道它曾經有如此複雜的過去。

昔日的雀友樂園

▲今天的「圓圃街雀鳥花園」，跟當年康樂街熱鬧盛況大相逕庭。

康樂街是砵蘭街及上海街中間的一條後巷，曾經是雀友的集中地，又稱「雀仔街」。「雀仔街」已消失，變成今天的「朗豪坊」。

早在上世紀 50 年代，香港盛行「玩雀」文化，不論是公子哥兒還是公園大叔，每天早上都會提着鳥籠去茶樓品茗，並與一群愛雀的茶客交流養雀心得。在上海街一帶的奇香茶樓、雲來茶室等，都是昔日雀友的集中地。他們玩得專業，對雀籠十分講究，結果吸引一班雀販前來售賣雀鳥用品。

自茶樓相繼結業後，雀友及雀販便「轉戰」康樂街聚集，令康樂街變身成為有特色的「雀仔街」。80 年代高峰時期，在「雀仔街」販賣鳥籠、雀栗、草蜢及雀鳥的商店多達 80 間，其中鳥類以相思、畫眉、了哥和鸚鵡為主；鳥籠有木籠、膠籠、竹籠、鋼籠和鐵籠等；放置飼料的雀杯也有白瓷、青花等，品種多元化，令人目不暇給。這裡

鳥聲人聲交雜，好不熱鬧。

可惜進入 90 年代初，康樂街因配合政府的重建計劃
而遭拆卸，原址清拆後興建今天的「朗豪坊」。「雀仔
街」的販商則遷至花墟道一帶的「園圃街雀鳥花園」繼續
營業。雖然「家園」猶在，環境又比以前清潔，但地方不
及以前便利，又歷經禽流感爆發，多重打擊下，客人大量
流失，生意已風光不再。

再者，時移勢易，現今的娛樂選擇眾多，玩雀品鳥一
族已越來越少；喜歡上茶樓嘆個一盅兩件的人也越來越
少，令聚在一起品雀的老香港文化，一去不返。

坪洲—香港的火柴王國

▲火柴廠於 1937 年由上海富商劉鴻生創辦，位於北灣及北灣舊村，曾是東南亞最大的火柴廠，直到 1976 年才正式結業，現只餘刻有「大中國火柴廠」的石碑散落在北灣草地上。

火柴廠是坪洲人的經濟命脈

坪洲，曾經是香港的火柴王國。

話說，「大中國火柴廠」是上海的火柴大王劉鴻生所建，30 年代的中國內憂外患，劉氏意識到將所有資金投在中國非常危險，於是開始將部分資金投資海外，當時香港是英國統治下的殖民地，於是把心一橫，將火柴廠搬遷，並遷至坪洲。

在坪洲的大中國火柴廠於 1939 年正式運作，是全東南亞最大的火柴工廠。40 年代初最高峰時僱用了千多人，島上大部分村民都是替火柴廠打工。以前坪洲的居民生活很窮困，火柴廠可說是養活了不少居民，也帶旺了坪洲的工業發展。

坪洲有 3 間大型的貨倉，約 20 多間小貨倉，用來存放大木、柴枝、火藥、招牌紙、漿糊等等，工廠就在貨倉的後面。火柴製造需要經過多個工序，首先是將大木刨出一片片，有些用來製火柴盒，有些則用來切成火柴。切割好後，女工把火柴整齊排列好後就拿去浸火藥，然後烘乾，最後是將火柴入盒，出產的火柴名為「九龍火柴」，除了內銷至本港各地外，還輸出世界各地，特別是中東地區。

利用火柴賣廣告

當時，許多夜總會、酒樓為了招攬生意，都會將電話號碼印在火柴盒上，間接促進火柴的工業發展。加上，以前家家戶戶煮食的主要燃料都是靠燒柴和燒炭，火柴是必要的生火工具；後來出現了火水爐，火柴更成了「開爐」的重要媒介。可是，到了 80 年代，煤氣爐和石油氣爐相應誕生，火柴正式被趕出廚房了。

打火機取締了火柴

後來，打火機出現，取代了火柴的地位，坪洲的火柴廠終在 1976 年結業。火柴廠現已拆毀，只剩下刻有「大中國火柴廠界」的石碑，印證着昔日的一段繁華歷史。

旺角一
曾荒蕪得只剩下一個石礅

▲目前，旺角是一個無人不知的不夜城；誰會想到它以前是一個毫不起眼的荒地。

今天的旺角，連鎖店林立，到處都擠滿遊客，每逢周六日更是賣藝者表演的場地，可謂香港的不夜天。

戰前時還未有「旺角」

大家試想一下，在二次大戰之前，香港還未有旺角這個地方，可以說是荒蕪得只剩下一個石礅。「旺角」本是一個動詞——「望角」，話說，當年從深水埗至油麻地一帶，大部分都是荒野，人們想知道自己是否已到了油麻地，就要以一石為記——當你遠遠「望」到洗衣街與山東街交界處，即麥花臣球場側邊廟宇旁的石礅「角」落，代表你即將到達油麻地了。這石礅就成了旺角的標記。

油麻地：曾是維修漁船的集中地

上文提到，當時的旺角仍很荒蕪，只是一個石礄而已；反而毗鄰的廟街則非常興旺。油麻地的廟街一帶早在 19 世紀已有華人聚居，並以漁民居多。漁民日常的工作主要是在油麻地眾坊街天后廟的海攤上結網、補網、修船，還有開蜆及曬魚等。

從前漁民以木製漁船，以麻繩織纜，許多漁民都將漁船停泊在現時油麻地一帶的海灣，並把麻製的繩纜及魚網鋪在岸邊曬晾，當地因而引伸成「麻地」這名字。「油」則是指桐油，漁船在大海航行久了，間歇需要維修，並要以桐油修補船身的罅隙，逐漸人們把「油」字冠於「麻地」之首，成為今天的「油麻地」。

時至今天，旺角已成了旺丁又旺財的不夜天，熱鬧和興旺的程度已遠遠趕上油麻地了。據講，石礄一帶自從改名為「旺角」後，就迅速興盛起來，果真是「唔怕生壞命，最怕改壞名」啊！

蘇杭街一曾是香港的不夜天

▲蘇杭街曾是絲綢的集散地

講起女人街，人人都想起旺角的通菜街。

香港最早的「女人街」，是位於上環的蘇杭街，它的原名為「乍畏街」（Jervois Street）。

1851 年 12 月 28 日，上環街市一帶發生火警，燒毀幾百間屋，燒死了 30 多人，災區重建，就由總司令官威廉‧乍畏率領工程人員開闢街道，命名「乍畏街」。不過，當時的華人仍愛稱這條街為「蘇杭街」，原因是該處專賣蘇州和杭州運來的女性化妝品、絲綢和布匹，所以叫它為「蘇杭街」。

中環的威靈頓街曾是香港紅燈區，該處華洋妓女都愛到附近的蘇杭街選購胭脂水粉，好不熱鬧。加上，蘇杭街毗鄰三角碼頭（現已拆卸），許多過境的商人和旅客都趁開船前買貨，在年近歲晚，這裡還開設年宵市場，令這裡儼如香港的「不夜天」、「夜中環」。後來，三角碼頭停開，蘇杭街的熱鬧情況已不復再。

鑽石山－香港的荷里活

▲志蓮靜苑這塊地前身是甚麼？片場是也！

　　在 4、50 年代，由於電影技術的限制，電影要現場收音，因此拍攝環境必須寬敞及寧靜，當時鑽石山的大觀路非常符合以上條件。美國華僑趙樹燊便看中此處地方，戰後把「大觀片廠」搬到鑽石山。後來，「大觀片廠」先後改名為「鑽石片廠」、「香港片廠」及「堅成片廠」，製作無數電影。只要大家細心重看，你會發現不少早期電影均在鑽石山或附近地方取景。對鑽石山街坊來說，在街上看見拍戲是家常便飯的事；鑽石山亦是不少影星的集中地，他們為了方便拍戲，索性把住處搬到這裡，包括導演李翰祥、影星喬宏和鮑方等。

　　鑽石山於近數十年間有了翻天覆地的轉變。於 80 年代末，政府大規模收地，當時在大觀路的「堅成片廠」亦在清拆範圍內，原來的地方變成大老山隧道及志蓮淨苑。另外，在 1998 年至 2000 年，斧山道的製片廠也因政府收地興建居屋而遭清拆。以往鑽石山夢工場的光影回憶只能在電影回味。

石塘嘴—花月韻事

▲山道天橋為石塘咀的地標

　　香港開埠初期，已有妓寨，而且中西分明。外籍妓女在 19 世紀中葉開始聚集在擺花街和附近的區域謀生，早期的華人妓寨則集中在水坑口街，以及就近的荷李活道、威靈頓街、皇后大道、摩羅下街。

　　到了 20 世紀初，太平山區爆發疫症，好不容易才成功抗疫。當局為免疫症重臨，決定在這區整頓和清拆密度過高和空氣不流暢的結構殘舊樓宇。加上，上環水坑口街妓寨被大火夷平，當時的港督彌敦靈機一觸，下令全港所有妓寨一律遷至荒蕪而偏遠的地方且荒無人煙的石塘嘴，從此，香港的鶯鶯燕燕便西移到石塘嘴，「塘西風月」從此拉開幃幕。

　　1920 年，塘西大小妓寨近 100 間，當時有統計從事與妓院有關之行業人數，竟近 3 萬人之多，當時香港人口約 30 萬，即每 10 個香港人竟有 1 個從事與塘西花事之工作，可謂相當驚人！

1935 年，香港政府依隨英國法例立法禁娼，塘西風月暫告一段落。不過在日治時期，日軍總督部頒令所有華人妓院必須遷到石塘咀的「娛樂區」，石塘咀再度繁華起來，大酒家和妓寨都相繼復業。高峰時期，領有牌照的妓院有 5 百多家。隨著日軍戰敗，撤出香港，塘西風月再度閉幕。

順帶一提，「鹹濕」一詞為妓女所創，當年到妓女尋花問柳的多是碼頭苦力，那些男人終日勞累而流汗，且受海風吹拂，皮膚結鹽，惹來一身鹹水味，故稱該等上門尋芳之急色男子為「鹹濕佬」。後來，「鹹濕佬」演變成猥褻男人的形容詞。

黃埔—昔日的貧民窟

▲昔日住滿貧民的黃埔，今天已蛻變成有錢人的地帶！

　　現今的黃埔花園，就是當年的黃埔船塢所在地，造船及維修船隻的重鎮。

　　毗鄰的紅磡位於九龍的偏角，且是掘頭路，交通不方便，當年住在紅磡的，大都是黃埔船塢的工人及貧民，黃埔至紅磡一帶可算是貧民區。

　　在 19 世紀末期，當時黃埔船塢有限公司在紅磡設立了九龍船塢，曾修理過不少船艦，造船技術和出產船隻的排水量皆與日本齊名。在業務高峰期時，船塢平均每星期維修 25 艘船。早年船塢僱用的工人，約佔當時全港的 20% 勞工。到 1890 年，單是香港黃埔船塢僱用的工人就有 2,500 人。在繁忙季節，平均每天多達 4,510 人。1899 年黃埔船塢大肆擴展，聘請了工人 4,000 至 7,000 多人不等。當年全九龍人口共 26,000 餘，單黃埔船塢就僱用了九龍近五分之一人口。

　　黃埔船塢於 70 年代初停止了大型船舶的建造及維修，並在開始進軍地產市場，昔日的黃埔船塢已發展成為今天的黃埔花園，昔日的貧民窟已發展成豪宅地帶。

土瓜灣—
曾是性病人士的 集中地

▲土瓜灣此名原來有段古

　　二次世界大戰之前，土瓜灣一帶沒有建設道路，只有山丘，十分荒蕪。當時，港英政府曾推行政策，把患有性病梅毒的人士，統統趕往土瓜灣這帶的山坡之上，任由他們自生自滅。因當年並沒有藥可以醫治梅毒，此病被視為一種絕症，患者只好自行種一些蕃薯（又稱土瓜）來充飢維持生命，弄得遍地土瓜，故後來人們稱此處叫做「土瓜灣」。

　　說起土瓜灣，還有另一則故事。話說，日治時間，當年日軍為了開闢機場，把「宋王台」石礐爆破，怎料 3 次都傷及士兵，他們認為此石有神靈，故把它保留，並搬至現在的土瓜灣公園內。香港重光後，因九龍城街坊會的請求，興建一個宋王台公園，將歷劫苟存的「殘石」移往宋王台公園內，於 1960 年開幕，供人參觀。

拍拖勝地—雍雅山房

▲雍雅山房是以前男女拍拖的勝地，如今已成為豪宅地帶。

香港雍雅山房，原是香港富商陳樹中（國民黨將領陳濟棠的兒子）的度假別墅。後來幾經轉手，1963 年被改為餐廳茶座。自此，雍雅山房成為當時粵語電影的熱門取景勝地。其中，以秦劍執導的電影《難兄難弟》最為人熟悉，為香港人留下不少集體回憶。

位於新界沙田九肚山畔的雍雅山房面向吐露港，毗鄰香港中文大學。雍雅山房設計簡約、優雅，內裡有金魚池、假山和園林設計，加上背山面海，環境讓人感到舒服和悠閒，是當時情侶拍拖好去處。可惜，雍雅山房 2005 年 9 月 20 日結束營業，如今已被開發成 21 座別墅。

露天茶座的椅子全屬 60 年代流行的膠椅，甚具懷舊氣氛，遊人到此，必定會選擇坐在這裡。在露天茶座 High Tea，在當時屬於高級享受。要再看雍雅山房昔日茶座的模樣，惟有重看「粵語殘片」回味了。

PART III

舊時的娛樂

在物質匱乏的老香港，貧窮，但不愁寂寞，人們懂得炮製娛樂節目，$0 就可玩個不亦樂乎！無錢萬萬不能？在那些年，鬥蟋蟀、玩字花、睇粵劇、拉衫尾入戲院睇戲、到荔園餵大笨象、睇公仔書，這一切舊日玩意向大家證明：不用太花錢，也一樣可以活得精彩！

黑膠唱片・品味慢活

▲黑膠唱片的聲音讓人聽起來有現場感！

　　黑膠唱片是上一代人的古董，很少新一代人會再懂得欣賞。其實，黑膠唱片代表一種生活態度，一種慢活的生活品味。聽黑膠唱片時，需要揀碟、取片、清潔、播放、翻面、收片，每一個「儀式」都很講究。對於時下追求快靚正的都市人來說，聽黑膠很花時間。加上線上大把免費音樂，何須花費昂貴的價錢投資在黑膠和唱盤上？

　　但在Dark Hard Fans心目中，放棄黑膠的人是「唔識貨」，黑膠的聲音很暖、很真實。播放時，唱針會與唱片摩擦，經過空氣震動而發出聲音，讓人聽起來有現場感！相反，CD太光滑潔淨了，聽起來很冰冷。

　　年長一點的香港人都知道，黑膠唱片曾經是引領全球的潮流。昔日的香港人沒太多娛樂選擇，多是看電視、聽

唱片之類；60年代經濟開始起飛，當時人們每月平均收入約$100，每張碟已賣$10至$20，黑膠屬於高消費物品。

70年代是黑膠唱片的黃金時期，唱片舖成行成市。唱盤好像今日的電腦，是家家戶戶的必需品。

當年譚詠麟一張黑膠唱片賣30萬隻，平均每10人就擁有1隻，創下香港唱片業的驚人紀錄。

不過，隨着90年代CD興起，黑膠唱片的生意一落千丈之餘，一堆堆黑膠唱片被送進垃圾房，「黑膠」的名字步入歷史，堆填區就是它們的宿命。

為甚麼CD會取而代之？死因就是成本問題。生產黑膠需要製模、壓印、修邊等，工序繁複，製作上萬隻需時1個月；相反，同樣數量的CD兩天已製成，成本較低，因此吸引商家轉型。自此，歌手推出新歌一律只出CD版，樂迷不得不跟隨潮流，紛紛將家中的唱盤和黑膠丟棄。

近年香港吹起一股慢活風，人們希望把自己急促的步伐慢下來，好好品味時光，為黑膠唱片帶來小陽春，但是「黑膠熱」可以維持多久？香港人會否又是三分鐘熱度，大家拭目以待。

鑼鼓震天的廣告戲台

▲迷你戲台上的古裝布偶，十分引人注目！

今時今日的廣告，款式多元化，有報章雜誌廣告、電視廣告、地鐵廣告、社交媒體的線上廣告、在街邊派單張或放易拉架、或者在劇集裡面做植入式廣告，任君選擇。

以前商家為了吸引消費者眼球，同樣各出奇謀，他們會花心思在店舖面前架設色彩繽紛的迷你戲台（俗稱「公仔箱」），透過會動的古裝人物和鑼鼓聲，令遊人停下腳步欣賞，店員就會想盡辦法留住客人，招攬生意。

在紮作行家的口中，這類的公仔箱叫做「吊工」，是利用大型花牌吊高給觀眾欣賞的機械戲台。為何需要將公仔箱「吊高」，原因是要埋藏機關裝置，令人猜不透令戲台上古裝布偶（又叫「較生公仔」）生靈活現的秘技。

透過操作人員在裡面扯線和公仔箱內的機關，布偶角

色複雜的動作才能栩栩如生地展現。當時沒有錄音機，機械公仔打鬥過程中發出的聲音，全靠公仔箱內部的機械控制戲台上的人物模型，逼真地還原敲擊迷你鑼鼓製造出來的。

在戲台上演布偶戲，是上世紀5、60年代流行的廣告方式。賣月餅臘腸的店舖最常採用，原因是當年月餅臘腸的市場競爭激烈，商家彼此都要爭相吸引消費者購買。當時沒有電視宣傳，靠的就是街坊經過，店舖面前有聲畫俱備的戲台吸引他們關注。人們經過一些月餅舖、燒臘舖前，常會聽到一些「叮叮咚咚」的聲音，抬頭望去，可以看到一個花牌上安裝了迷你戲台，一些穿著戲服的機械公仔個個生龍活虎，表演著經典劇目片段。

這些發出鑼鼓聲的迷你戲台十分引人注目，但後來隨著電視的普及，商家做廣告的方式越來越豐富，大型花牌慢慢「退隱江湖」，機械戲台也就慢慢淡出了人們的視線。

如今大家要走到香港歷史博物館，才有機會看到當年的機械戲台。在館內，展出了一套由「生和隆」九十年代製作、以「仕農工商」為主題的布偶戲台。

人人著迷的公仔書

▲圍埋一齊看公仔書，是老香港不少孩子的主要娛樂。

漫畫書，又叫公仔書或連環圖，1970 至 1990 年是香港漫畫的高峰期，當時香港最暢銷的漫畫幾乎都是武打漫畫，這些武打漫畫以打打殺殺的畫面風格見稱，全盛時期幾乎每日都有兩三本公仔書出版。

曾引起公憤

昔日的公仔書千篇一律都是神魔武俠，描寫俠士為報仇雪恨，上山學法，面對妖精鬼怪之考驗。當年的「公仔書檔」成行成市，讀者只需要向書檔主人付出 1 毫子，即可以坐在這裡看 10 本連橫圖。據當時的統計，單在油麻地一區，已有 42 檔專靠出租連橫圖為生的公仔書檔。

由港漫轉移至日漫

一般理髮店及街頭理髮檔為了吸引兒童幫襯，都提供

大量公仔書。兒童慳起零用錢，就花在這些公仔書檔。據說，這些令兒童廢寢忘餐的公仔書，曾引起當年部分社會人士不滿，他們曾發起「向連環圖宣戰，救救我們的下一代」運動，但這些輿論似乎沒有收效，直至現在，青少年及兒童們仍為漫畫樂此不疲，不過他們較鍾情日本漫畫，還會粉墨登場，大玩 Cosplay，以服飾和道具的配搭，加上化妝造型、身體語言等等，來扮演成漫畫中自己喜愛的角色呢！

老香港的狂野派對

▲ 老香港的年青男女最愛音樂舞會

現在香港夜生活多姿多彩，想一群朋友狂歡的話可以去酒吧、Clubbing，但原來在 70 年代，香港人的夜生活駐紮在 Disco 裡。

當時 Disco 的文化方興未艾，幾乎所有香港的五星級酒店都會附設 Disco，如半島酒店 Since、希爾頓酒店的 Den 等，除了這些大酒店外，當時的香港還有一些比較低檔次的半酒吧半 Disco，都是比較西式化的跳舞地方。

去這些 Disco 有平有貴，有些入場費只要 5 元，就可以換啤酒一杯，續買一杯啤酒都是幾元，但通常這些 Disco 很多水兵光顧，本地香港人比較少。

除了 Disco，當時亦有比較中式的舞廳，這些舞廳都是由酒樓變成的。大酒樓通常會在晚市後就會將酒樓變成夜總會，營業到半夜 2 時，有些更營業至 4 時。

　　那時一些流行的台灣歌星，例如徐小鳳，都會在這些夜總會表演，一般二人消費大概百多元就可以玩一個晚上，而灣仔、銅鑼灣貴一些，尖沙咀，海洋皇宮大概二百餘元就可以。而夜總會的表演內容，通常可以在樓下的燈箱知道，除了有歌星表演外，客人亦可以跳舞，以跳交際舞居多。

老香港的廣播文化

▲聽收音機，甚至打電話到電台點唱，為那些年的年青男女提供無窮樂趣。

　　今日的香港，早已踏入資訊爆炸的年代。登入互聯網，世界各地的資訊盡數眼底。反觀 3、40 年代的香港，尚未有電視機前，當時的人們就是喜愛聽音機來獲取資訊。

　　在 1928 年時，一群熱心人士於畢打街郵政局設立廣播室，利用一個小型發射台，每天廣播 2 小時，正式開始香港的廣播事業。

　　當時的節目都是以轉播戲院的粵劇為主，亦會邀請音樂團體到台演唱和播放唱片，後來又增加兒童故事演講、教授國語、廣播劇等節目，例如劉祺、高亮、喬宏、洪薇等國語明星亦有參與廣播劇。

　　直到 1949 年時，有線廣播電台「麗的呼聲」面世，當時的市民只要付出 10 元月費，便可多一個廣播娛樂的選擇，「麗的呼聲」播放很多廣播劇，例如李我的天空小

說、鄧寄塵的諧劇、方榮的通俗小說 、「郭林探案」、「半
夜奇談」，當然亦不少得鐘偉明的武俠小說黃飛鴻、洪熙
官等故事，大受市民歡迎。

60 年代時，香港的人口劇增，加上原子粒收音機面
世，令電台聽眾急劇增長。1963 年，商業二台成立，當
時商台主要播放廣播劇 ，而高露潔劇場及「大丈夫日記」
均吸引大批聽眾，廣播皇后尹芳玲、林彬、鄭康桂更是家
喻戶曉。港台方面，為人熟悉的則有張雪麗、何楚雲，以
及播音皇帝鍾偉明。

老香港歌壇的女伶

▲今天韓風盛行，昔日粵曲才是主流。

清末民初時，由盲人自彈自唱的表演非常興盛，後來發展到由非盲人的女子登台演唱，這些女獻唱者被稱為「女伶」。

廣州西堤二馬路的慶南茶樓和河南的建南茶樓，第一次請「港伶」登台，就邀來了一位名叫燕燕的女伶獻唱，燕燕憑著《斷腸碑》一曲紅遍省港。

到了 20 年代，省港歌壇的「唱盲妹」之風不再，香港的女伶順勢而生。因為女伶演唱十分受市民歡迎，所以設有歌壇的娛樂場所越開越多，女伶演唱已經成為市民生活的一部分，香港當時的歌壇設備異常簡陋，幾張桌子砌成歌台，中置茶几，其側擺椅，女伶端坐其間引吭高歌；一眾樂師則分坐兩旁拍和。

香港在 1930 時，便已經有粵曲歌壇的「四大天王」，有小明星、張月兒、徐柳仙、張蕙芳，她們 4 人合稱四大天王，在當時又稱「平喉四傑」，四大天王各有擅長，帶動了省港澳整個珠江三角洲的粵曲壇之旺盛。

受禁止的鬥蟋蟀

▲許多富家子弟最愛聚眾鬥蟋蟀

　　香港鄰近廣州，因此香港的賭博方式也受到廣州影響，例如鬥蟋蟀，便是受到廣州的影響。由於當時鬥蟋蟀有賭博成分，而且賭博的方式十分殘忍，政府一直禁止，因此，一定要有門路才知道哪裡有鬥蟋蟀。

　　不要看鬥蟋蟀只是一場賭博，原來鬥蟋蟀的場地也有專有名字，叫「蟀獵」或「蟀獵大會」，也有比較文雅的名字叫「秋聲別墅」或「秋聲俱樂部」，單看名字根本想不出原來竟然是在鬥蟋蟀。

　　但蟋蟀是如何鬥法？原來兩方的主人會各自帶蟋蟀放在盆內，一開始兩隻蟋蟀是不會自行打鬥，需要有人來引導牠們，這個行為叫「引蟀」。因為蟋蟀對老鼠十分敏感，所以「引蟀」的方法就是使用一條尖端綁有老大鬚的草，做出老鼠的造型，放在蟋蟀面前晃動，令牠們暴躁起來，牠們便會「埋牙」打鬥。

　　鬥蟋蟀不用至死方休，通常有一隻蟋蟀認輸並跳出鬥

盆，所屬的主人就算輸。鬥蟋蟀的比賽會在一個高台上進行，只有蟋蟀的主人可以親眼目睹蟋蟀相鬥的過程，其他人只可以在台下仰望，但仍然吸引不少人下注。

越禁越多人玩的白鴿票

▲白鴿票遊戲方法簡單，當年無論貧富，人人愛玩！

到了清末，民間流行「白鴿票」這種賭博方式。白鴿票是一張紙，上面寫了《千字文》中的首80個字：

天地玄黃宇宙洪荒

日月盈昃辰宿列張

寒來暑往秋收冬藏

閏餘成歲律召調陽

雲騰致雨露結為霜

金生麗水玉出崑岡

劍號巨闕珠稱夜光

果珍李奈菜重芥薑

海鹹河淡鱗潛羽翔

龍師火帝鳥官人皇

票廠的師爺將預先選好的 20 個字密封，掛在票廠的正樑上，讓賭客競猜和下注。

賭客在白鴿票上用墨筆塗污或用香燒穿要買的字，每次選買 10 個。開彩時間一到，票廠師爺會將樑上的密函取下來解封，並開字 20 個，如果全中 10 個字，一毫子賠 1,000 元，中 9 個字有幾百元，中 8 個字至 5 個字分別賠百餘元至 1 毫 5 分。中 4 個字或以下無錢分。

據說，為免師爺洩漏「風聲」，由選字到開彩這幾天的時間裡，他都不能與外界有任何接觸，只能獨個兒留守在房中。這幾天他無事可做，惟有吃鴉片煙打發時間，因此，有傳票廠的師爺都是染上嚴重鴉片煙癮的。

十賭十輸的賭番攤

▲ 賭番攤

　　開賭者 (莊家) 在桌上放數十顆大小相同的圍棋棋子，用一個小碗，反過來蓋著當中部分約數十個的圍棋棋子。等賭客下注以後，莊家打開小碗，用竹枝把圍棋以 4 顆為一組，慢慢的扒開。扒至最後 1 組時，如果剩下 1 或 3 顆，便是「開單」；剩下 2 或 4 顆，即「開雙」。若賭客下注時買「單」，莊家扒至最後 1 組時剩下 1 顆或 3 顆，賭客就贏了；若開雙，他下注的金額就賠掉了。

　　其實，賭客要取勝，難度甚高，因為莊家可從中作弊，令賭客十賭九輸。作弊方法是莊客可找人假扮賭客，混在群眾中，全神貫注查看最後會剩下多少顆，然後打眼色、做手勢，示意莊家要做手腳，有需要時可在袖子裡彈出一顆棋子，令單變雙，或者雙變單，改變賽果。

殘忍的鬥狗遊戲

▲一場你死我亡的鬥狗活動即將上演！

民國初年，盜賊橫行，治安日壞。珠江三角洲一帶的圍村村民，為了保護性命財產，紛紛飼養狗隻。那時沒有專業練狗師，要增強狗隻的戰鬥技巧和力量，最好的方法就是讓狗隻彼此互鬥，從實戰中學習的磨練。後來，有人看中這項鬥狗活動，並且用來賭博。結果，原意是保家衛國的鬥狗活動，演變成一種賭博形式，繼而傳入香港。

在香港，鬥狗一直是違法的，因此，舉行鬥狗的場地非常隱蔽。在 60 年代，新界地區的鬥狗風氣仍是相當盛行。當時，鬥狗品種以中國的沙皮狗最為突出，當中尤以廣西大瀝沙皮狗是公認最好打、最兇、最狠。而外國品種是以布爹利最為厲害。這兩種狗的打鬥方式很不同，沙皮狗會向對方的頸部埋手，致對方於死地；而布爹利則會首先咬對方的腳，令對手喪失行動能力。

　　鬥狗的場地可以是十分簡單，只要有一處空地，用一疋白帆布將空地圍起來，帆布的高度約 3 至 4 尺。比賽之前，入場觀眾會下注碼，賭哪隻狗會勝利，賭客的注碼很大，動軏數萬元一注。

　　鬥狗開始時，先由狗主人各自把自己的狗拉進帆布圍帳中，各據一方。此時，兩狗已互吠得非常嘈吵，都想用力扯脫被主人牽著的狗帶，像是要向對方撲去似的。這時，公證員也會進入帆布圈之內，雙方狗主會解開狗帶，公證員一聲令下，兩狗飛撲向對方，就這樣便打起上來了。

　　狗主通常會很著緊自己的狗，不會看著自己的狗活活戰死。當公證員發現其中一方的狗隻有「響口」、「耷尾」、「鬆身」、或「走頭」等行為，即可馬上判出輸贏，不用至死方休。

「響口」：其中一隻狗捱不住，發出一些似吠非吠「嗚⋯⋯
　　　　　嗚⋯⋯」的聲音。

「耷尾」：條尾耷低，像斷了一樣。

「鬆身」：狗很害怕，全身的毛都鬆起來。

「走頭」：狗隻臨場縮沙，不敢應戰。

　　在鬥狗期間，其中一隻狗出現上述的響口、耷尾、鬆身或走頭，那隻狗便會判定是落敗了，而那狗的主人是不能提出異議的，只得應輸。

至死方休的鬥雀

▲除了鬥狗，鬥雀同樣殘忍！

　　香港有句老話：「生活淡薄，不如賭博」，是形容早期的香港，一般市民的生活較清苦，娛樂不多，賭博是其中一種。其中鬥雀是最受歡迎的賭博之一，用來打鬥的雀有鵪鶉，豬屎渣和畫眉。

　　鬥雀之中，以鬥鵪鶉的方法最為奇妙，要牠們相鬥，首先把兩隻鵪鶉放在同一個籠之內，灑一把穀在籠中，穀粒的數量一定要單數，例如 35 粒。鵪鶉是天生平均主義者，吃穀會很公平的你一顆我一顆，吃到最後一顆，決定不了究竟是誰吃，便會大打出手，直到分出勝負，由勝出者吃掉最後一顆。

　　至於鬥豬屎渣和鬥畫眉，就是將兩個豬屎渣 / 畫眉的鳥籠放在一起，門口對門口，兩隻豬屎渣 / 畫眉便會隔籠互啄，一會之後，公証人看到時機已到，便會將兩個雀籠

的門口拉起，兩隻豬屎渣／畫眉便會為了「保衛家園」而拼死相鬥起來。

當時在灣仔、深水埗、九龍城的茶樓，是鬥雀的大本營。打雀的活動通常是在大清早茶樓內舉行，由兩雀的主人私下傾談其賭注，賭注可大可少，由數百元到數萬元都有，除了雀鳥主人互賭之外，圍觀的茶客可以下注，當然其賭注很可能比較小了。

時至今天，隨著玩雀的上一輩年老病死，鬥雀活動已漸漸消逝於歷史的洪流中。

玩字花：曾風行街頭巷尾

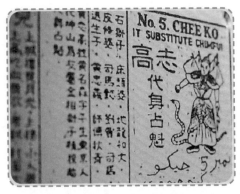

▲當年，玩字花的活動全城熱捧，連傳媒都有份推波助瀾！

　　「字花」這項非法賭博活動，曾經在香港曾流行一時，1950 年代末期至 1970 年初期是香港字花的全盛時期。

　　最早前的字花玩法是以 36 位古人做代表，例如三國人物（劉備、關羽和張飛等），每位古人有一個號碼，由字花廠的師爺在晚上決定開哪一位古人，便把名字寫在紅紙上，放在沙煲裡，加上封條後吊在樑上。翌日開字花時間一到，字花廠的師爺會手拿木棍，即席在群眾面前，隨意打破 36 個砂煲中的一個，以作開彩。買中的賠率是 1 賠 30，每注只是 1 毫或 2 毫而已。

　　今天我們買六合彩，可以到投注站；以前買字花，要找「艇仔」，即莊家的跑腿。「艇仔」的職責是到各處收取市民的投注，地點包括西營盤、油麻地、深水埗等地的街頭巷尾的樓梯口等，收集所有投注後，就帶返字花廠。

開彩後，「艇仔」負責把彩金發放給中獎的市民。字花的投注多少不拘，1、2毫子便有交易，開彩後中獎者可以即時收取彩金。

不過，買字花這項賭博存在很大的作弊漏洞，輸贏基本上完全掌握在字花廠的師爺手裡，原因「艇仔」把投注帶返總廠後，字花師爺會點算一下賭客愛買哪幾個名字，便故意不打破哪幾個砂煲，保證字花廠輸少贏多。

後來，字花演變出新的玩法，就是字花廠與報館合作，每天在小報頭版刊出「花題」，即是一幅不明所以的圖畫，揚言畫中有答案提示(當時述語叫「口電」)，賭客只要細心研究，就一定可以買中云云。字花廠藉著「花題」吸引更多賭客下注，報館又可以透過「口電」吸引更多讀者買報，雙方互惠互利。

雖然買字花是非法賭博的行為，但只要字花廠肯花錢賄賂警察，就通行無阻，「大展鴻圖」了。不過，人算不如天算。直到1967年，香港爆發暴動，政府實施了幾個月宵禁，加上常有炸彈事件發生，市民如非必要都避免上街，更沒閒情玩字花，令字花行業面臨衝擊。到了1970年，廉政公署正式成立，字花廠再沒有警務人員包庇，紛紛結業，數目大減。到1977年政府通過賭博條例，嚴懲各類非法賭博，在香港存在超過一世紀的字花正式消失。

被遺忘的吹葉笛

▲樹葉都可以當樂器

　　不必昂貴的樂器，只需要摘下一片榕樹的樹葉，便可以吹奏一首首美妙的樂曲！

　　用樹葉來吹奏樂曲是老香港的遊戲，稱之為吹葉笛。吹葉笛這種發聲玩具曾經廣受香港的小朋友歡迎，只需要將樹葉放在嘴唇邊，呼氣吹動，樹葉便會發出不同的聲音。

　　不要看吹葉笛好像很簡單，其實挑選樹葉都有一定的技巧！吹葉笛挑選的樹葉要有平、彈、薄三個要領。

平：樹葉邊緣如果太彎曲或是鋸齒狀，我們吹出來的氣流也
　　會因此而亂掉，無法發出聲音。

彈：這是因為音的變化是靠震動，如果樹葉塌下去無法彈起，
　　聲音便也吹不出來；

薄：厚的樹葉吹出來聲音雖然渾厚，但吹氣時卻太費力。

　　如果想要吹完整首曲子最好選薄又彈性好的樹葉，符合這 3 個條件的樹葉，就是我們經常可以看到的榕樹樹葉。

　　吹葉笛的吹奏技巧一點也不簡單，光是要摸索出發聲訣竅就讓不少人知難而退。

戲棚睇粵劇

▲以前人們能夠偷得半日閒到戲棚看戲，已心滿意足！

　　現代人可以看電視、睇戲、打機、上網打發時間，娛樂方式五花八門；但在電視機尚未普及的年代，港人唯一的娛樂就是在戲棚睇粵劇。

　　粵劇於 1920 至 1940 年在香港最為盛行，當年之所以會在戲棚表演粵劇，主要是因為酬神或慶祝特別的節日，例如天后誕等，這些戲棚一般都會建於寺廟附近，戲台會面向寺廟，方便諸神欣賞表演。但有時有些地理環境不許可，戲台不能面向寺廟時，劇團便會在戲棚內臨時豎立一個面向戲台的小型神龕，作為諸神的座位，讓眾神在神龕欣賞表演。

　　在表演粵劇的間場時會有小販及臨時攤檔出現，小販可以售賣食物、飲品、藥油等物品，觀眾可一邊欣賞粵劇表演，一邊飲食。當時紅極一時的戲班有「覺先聲劇團」和「新中華劇團」，在港演出時都吸引大量粵劇迷。

粵劇演出時除了鑼鼓音樂、演員的唱對白外，還會充斥著觀眾的交談、飲食、和小販叫賣等聲音，是一種獨特戲院文化。

二次世界大戰後，由於電影工業的發展，香港很多戲院從上演粵劇改為播放電影。自 1950 年代起，由於演出粵劇的收入不穩定，所以許多粵劇演員都改為投身電影工業，去到 1960 年時，香港已只剩下東樂、高陞、利舞台及普慶戲院偶爾會上演粵劇。

直到現在，除新光戲院外，可供粵劇上演的場地不多，加上經費不足，不少劇團都面臨經營困難。

到戲院磅重

▲以前戲院竟有儀器給人磅重

　　我們今天走進電影院，都得先踏足購物商場。在香港這個崇尚消費的大城市，電影院已無可選擇地變成購物商場的附屬品⋯⋯舊時，戲院都是單棟式一座大樓，鶴立雞群於鬧市之中，有富麗堂皇的大堂、水池、雕飾，還貼著對聯，非常架勢！

睇戲前先磅重

　　有一點值得一提，磅重機是戲院必備的設備之一，每次都吸引許多少男少女或小童前去磅重。至於為甚麼戲院會有磅重機，則無從稽考，估計是當時家用式的磅重機不及現在那麼普及，因此，磅重機大有市場。

當時的體重咭有些印有戲院名字、有些印有祝福語、有些則印有明星如王羽、羅烈等肖像，各間戲院有各自的特色，設計獨特。

然而，隨著戲院大堂面積買少見少，最後一家設有磅重機的觀塘銀都戲院結業後便一度絕跡。最近，這個富有特色的傳統設施重臨於紅磡寶其利街的寶石戲院，大家可到這裡懷舊一番。

唔買唔得的電影特刊

除了磅重機，電影特刊是每家戲院必有的商品。電影特刊類似劇透，方便觀眾理解該套電影的劇情和主角介紹，觀眾要自掏腰包購買，每本電影特刊的售價為2毫子，在 50、60 年代差不多是半張戲票的價錢。當年，觀眾買票時，即使沒有表明購買特刊，職員也會隨票附上，並自動把錢扣下，而觀眾一般也樂意接受。

扯衫尾入戲院

▲舊時戲院人手畫票

20 年代起，香港開始有零星的電影放映活動。50 年代，香港島和九龍集中了幾十家戲院，到 60 年代，新界各區甚至離島，也開設了戲院。到 1969 年，香港共有戲院 103 家，座位總數 12 萬，為全球入場觀影人次最高的地區之一。

2 張戲票 4 個人入場

在現今社會，肯入戲院看戲的人越來越少，許多人會選擇上網睇片。反觀以前，看電影的觀眾每場動輒一千幾百人，氣氛相當熱鬧。那時甚至會有所謂「扯衫尾」的情況，即是父母只買兩張票，再帶兩名子女入場，4 個人擠在兩個座位裡。

此外，百多家戲院亦有各自風格。有些會在片尾播放軍樂催促觀眾快點離場；有些則在散場時播放英國國歌配

上女王騎馬展步的片段致謝；有些則聯同贊助商現場贈送禮品給觀眾，那是電影業最輝煌的年代！

上圖是一張電影戲票，買票者更可以參加抽獎遊戲呢！

「走片未到」無戲睇

以前戲院還有一個趣怪現象，就是買飛入場後都未必馬上有戲可播。原因是以前幾個影院會共用一個電影拷貝。一個影院播完，職員要抱著拷貝、騎著單車去下一個影院，一路狂奔，遲到了只能在屏幕上告知觀眾「走片未到」。

人人圍拍公仔紙

▲當年的公仔紙，與現代閃卡差不多，1吋闊 x 2吋高，「公仔」
大多是歷史人物、漫畫或卡通人物等。有時香煙會附送公仔紙一張。

　　早於 4、50 年代，社會沒那麼富庶，父母根本沒多餘
金錢買玩具給小朋友。他們玩的多是一些自製玩具，例如
拍公仔紙，就是當時相當流行的孩童玩意。

　　「公仔紙」是用卡紙製成，大小與火柴盒相若。「公
仔紙」一般印有色彩豐富的圖案，有的是卡通漫畫，有的
是民間或歷史人物如三國誌、水滸傳、紅樓夢、封神榜等，
還有電影明星、飛機大炮照片等，題材相當多元化，而每
張咭背後均印有卡中圖案的介紹，寓學習於娛樂。

　　「公仔紙」的玩法很多，較為流行的有兩種。其一是
兩人各自選一張放於手掌裡，跟著一起擊掌，兩張卡掉到
地上後，如果「公仔」面向天的一方就算贏，並取得對方
的「公仔紙」。

　　另一種玩法就是玩家們同時拿出多張「公仔紙」疊在一起，然後輪流拍桌，拍完桌後如果「公仔紙」散開而沒有疊在一起的就算合格，桌上的所有「公仔紙」會歸拍桌者擁有。每次玩「公仔紙」的時候，小朋友均激動地拍桌大嚷欲勝出，場面熱鬧得很。

荔園的快樂回憶

▲荔園，盛載幾代人的童年回憶！

　　早在 60 年代，當香港娛樂設施還非常貧乏的時候，荔園帶給香港市民的「震憾」，恐怕這一代年青人無法體會。

　　總面積達 160 萬平方呎的荔園於 1949 年 4 月 16 日開業，當時是香港規模最大型的遊樂場。園內有很多機動遊戲，除了小型過山車、旋轉木馬、汽墊船、鬼屋、摩天輪、碰碰車等，更有港人熟悉的拋階磚贏取香口膠的攤位遊戲。開幕初期荔園更有脫衣舞表演，但後來被批評有傷風化，所以被迫取消。另外，荔園亦為粵劇及樂壇孕育不少名歌星，已故歌星梅艷芳及羅文，成名前亦曾在荔園獻唱。

　　荔園內的動物園亦勾起不少港人難忘回憶，其中 1958 年運往荔園的「鎮園之寶」大象天奴，在園內居住逾 30 年，

最終在 1989 年 2 月 3 日因為急性肺炎而被人道毀滅，其後園方以大象石像代替。

經歷數十年風光的荔園，隨着 1977 年 1 月海洋公園開幕後，令荔園入場人數不斷下跌。荔園內的動物園於 1993 年率先關閉，園內的動物如老虎、孔雀及駱駝等，部分被送往深圳市野生動物園。而樂園最終捱到 1997 年 3 月 31 日正式結業。

還記得荔園最後一日營業那天，共吸引 3 萬多人次入場。至當晚 11 時荔園宣佈關門，並停止所有機動遊戲，大批遊客仍不願離去，更人手推動遊戲機，最後園方讓遊客繼續逗留，到凌晨接近 1 時，荔園大閘才黯然關上。

荔園當年剪影

▲ 餵飼大象「天奴」、玩海盜船、夜探鬼屋，相信是當年市民參觀荔園時必做的指定動作！

被遺忘的啟德遊樂場

▲彩虹道遊樂場的前身,是鼎鼎有名的啟德遊戲場,有戲睇、有歌聽,兼有機動遊玩!

上圖是彩虹道遊樂場,年青一代未必知道這裡的前身是譽滿香江的啟德遊樂場。

「啟德遊樂場」位於九龍新蒲崗彩虹道,鄰近鑽石山港鐵站,於 1962 年興建,耗資 800 萬港元建成,並於 1965 年 1 月 31 日開幕。

啟德遊樂場內設有摩天輪、單軌火車、碰碰車、旋轉木馬、鬼屋等各式機動遊戲,更擁有可能是全港第一座的過山車。另外有戲院、攤位遊戲等。另外,當時有粵劇名伶及歌星登台表演,例如尹飛燕、尹光、徐小鳳、梅艷芳等等,啟德遊樂場亦曾有電影劇集在這兒拍攝。

除了遊樂設施,啟德遊樂場內更設有四間戲院,包括:珍寶戲院、啟德戲院、多寶戲院、鑽石戲院。

　　啟德遊樂場是不少情侶的拍拖勝地，很多情侶特地來拍拖，玩遊戲，看表演。可惜，後來因當時的香港政府向啟德遊樂場索取過高地租，加上遊樂場鄰近新蒲崗工業區，空氣污染導致生意欠佳，加上海洋公園 1977 年開幕，佔地面積和設施均比啟德遊樂場優勝，成功搶走不少生意，啟德遊樂場捱到 1982 年 4 月終於結業。

形態萬千的麵粉公仔

▲ 在那些年，孩童都渴望擁有一支麵粉公仔。

6、70 年代的小朋友，收到最好的小禮物也許就是父母買給他們的麵粉公仔。可是，隨著各式各樣的膠製玩具大規模生產，以及電子產物日新月異，現今小朋友對麵粉公仔再也提不起興趣，這個傳統文化亦因而沒落，如今懂得製作麵粉公仔的老師傅亦買少見少。

《西遊記》人物、白兔與孔雀等各式形態萬千的麵粉公仔，早於 6、70 年代，曾遍布本港各區街頭。製作「麵粉公仔」所需的材料簡單，反而手藝更為重要！師傅會將麵粉、糯米粉和糖等材料拌成麵糰，以廣告彩之類的顏料調色，麵糰質感富彈性，且不易乾裂。手法以搓揉為主，簡單如一個果籃，精細複雜如關羽張飛，也可以「一手造成」。

大家可有想過，麵粉公仔可以食落肚嗎？

答案是不可以！原因是師傅搓麵粉時會加入大量雜質，例如師傅會加入色素或廣告彩來調色，部分作品還會塗上透明膠漆，令麵粉公仔看起來有反光感，效果更立體，而且可擺放得更持久。當然，透明膠漆好睇唔好食，放入口隨時中毒。

麵粉公仔沒有特定題材，師傅可以天馬行空；只要他夠功力，基本上搓甚麼似甚麼。至於造好的麵粉公仔有三種表達方法：

1. 籤插式

最傳統表達方式，用長型竹籤把麵粉公仔插著。

2. 座枱式

要計算好平衡度，若重量不均便會企不穩，有心思的話可在底部加入雕花或不同配飾。

3. 精品式

提升藝術層次，將麵粉公仔製成微縮家具，放入微縮場景內，吸引外國人購買。

令人迷醉的鐵皮玩具

▲時至今日，鐵皮玩具有價有市！

對於 5、60 年代成長的香港人來說，總會擁有過一至兩件鐵皮玩具。鐵皮玩具，顧名思義是以「鐵」包裹著的玩具，鐵皮機器人、鐵皮飛船、鐵皮青蛙、鐵皮直升機……多不勝數的款式，成為了小朋友的成長玩伴，現在已成為玩家願意花數千元購買珍藏的寶貝。

從 19 世紀初歐洲已出現的鐵皮玩具，全為人手製作，結構較為簡單，而且上色技術所限，顏色也不夠耀目。其後日本銳意發展工業，製作大量色彩豐富、價錢合理的鐵皮玩具，令鐵皮玩具大行其道。再後期中國內地也擁有自己的生產線，令鐵皮玩具正式成為香港舊時代的主流玩具。

鐵皮玩具的主題系列繁多，好像有太空系列、動物系列、交通系列等。好像 6、70 年代，鐵皮玩具就多以登

陸月球為背景，出產了一系列的太空飛船、機械人、火箭等，俘虜了不少小朋友的心。

玩具槍一向是小朋友鍾愛的玩具，鐵皮玩具時代已有鐵皮槍。有些手工精緻的金屬左輪手槍，更可將火石圈裝上彈匣位置，一扣板機便發出火光及聲響，相當逼真。

及後，成本較輕的塑膠製品大量湧現，連玩具也開始步入塑膠和電子時代，令鐵皮玩具最終成為了歷史。

伴你成長的雙妹嘜

▲雙妹嘜是當年響噹噹的名牌子

我們在行街時可以見到許多國際化妝品及護膚品品牌，雙妹嘜是香港本土出產的品牌，在以前的香港十分受歡迎。

她的產品大多都是由兩個傳統女生做嘜頭，而且包裝都是用水彩畫風格來繪畫，很有老香港的濃重味道。一見到雙妹嘜的產品，就會不期然地想起老香港，雙妹嘜在香港人心目中是平民產品，幾乎每個人有幾個錢都可以買到，不像現在的國際品牌，動輒要幾百蚊先有一支。

雙妹嘜是老香港的標記

為甚麼雙妹嘜要用兩個女生做包裝？話說，雙妹嘜的產品都是以女生為銷售對象，而當年的女生都要穿着傳統的女裝，因此這樣的包裝可以令當時的女生覺得顯得特別親切！而現在這一對女生，儼然成為老香港的標記，說起老香港，就會想起雙妹嘜。

雙妹嚜始創於 1898 年，至今已經有超過 110 年歷史。開創雙妹嚜的始創人是馮福田先生，他十幾歲時便已經開始專營化妝品，後來他見到當年的香港化妝品仍然以外國貨為主，價格十分昂貴，因此便創業生產了價廉優質的化妝品雙妹嚜了。

雙妹嚜種類繁多

雙妹嚜最出名的便是花露水、痱子粉和爽身粉，這些產品現在還在銷售，但以前雙妹嚜還出產過宮粉、紙包牙粉呢！不過這兩款產品現在已經停產了。宮粉其實就像我們現時用的粉底一樣，有遮瑕的作用。至於牙粉，就是現在我們常用的牙膏，可以清潔牙齒。

其實雙妹嚜在過去 100 年間曾經出產過數百種產品，但都隨着時代變遷而停產，但 4 大王牌產品包括花露水、護髮油、爽身粉及雪花膏的銷售量依然屹立不倒。

延續老字號的精神至今

雙妹嚜近年亦開始開拓新市場，例如文儀精品，好像筆記簿、手錶、禮物盒、指甲油等，用來打入年輕人的市場，又如新登場的健康零食，就是用來主攻 OL 及行政人員。

雙妹嚜的生產雖然會趨向多元化，但從他們的產品中可以見到，仍然保留了雙妹嚜原有的特色，雙妹嚜的標記亦從未改變過，可見他們都想延續一個老字號的傳奇特色。

PART IV

老香港的文化

常聽人說「香港精神」、「核心價值」，其實，你知道這是甚麼？刻苦耐勞、拼搏進取、靈活適應，就是香港人引以為傲的特質，這些特質是如何煉成的？

就讓我們時光倒流 50 年，看看上一代如何生活，如何在艱苦中奮進。各位，你今天衣食住行樣樣富足，要多虧有他們的貢獻啊！

手動拉閘的古董升降機

▲一些舊式大廈仍保留手動拉閘升降機

　　大部分隱身於舊式洋樓的升降機，都是拉閘的模式，大家先打開木門，用手敞開不銹鋼拉閘後進入，木門會隨即自動關上，當大家關好拉閘後，從 lift 門的小窗口，可看到「景物」緩緩地移動，便得知升降機正在上落。

　　本港許多工廠大廈的運貨升降機，仍是採用手動拉閘升降機。但客運升降機的款式和造工，始終比較典雅，令人恍如走進上世紀 5、60 年代花樣年華的時光隧道。

冷暖水供應的公共浴室

▲ 這間不設廁所的公共浴室已有百年歷史

香港有隱世的地下公共廁所，也有不設廁所的公共浴室，全港只拆剩 3 間，建於 1922 年的「西營盤第二街公共浴室」便是本港現存歷史最悠久的一個，目前被評為二級歷史建築。

首先介紹一下「西營盤第二街公共浴室」的內觀，有大約 70 個獨立的沐浴間，每天向大眾提供免費沐浴服務。淋浴隔間的隔板高度只有 145 厘米，若生得較高的男士們女士們，身體多處會暴露人前，好不尷尬。

另外，用家不能自己控制水喉的水溫，因為這浴室並不是全年有熱水供應，時間如下：

· 每年 11 月任何一天上午 7 時錄得攝氏 20 度或以下，浴室便開始供應熱水直至翌年 4 月。

· 在翌年 4 月內任何連續三天上午 7 時錄得攝氏 25 度或以上，浴室便會停止供應熱水。

至於另外兩間公共浴室，一間位於大角咀晏架街，設計較現代化，淋浴間的隔板較高，可保障私隱外；水喉亦設有冷熱水掣，可供用家自行調校水溫。另一間則馬灣漁民新村，規模較小，只有數個淋浴格，而且位置較為偏僻，故使用率偏低。

大家看到這裡，可能會問：人們為甚麼不在自己家裡洗白白，而要到公共浴室淋浴呢？

話說，鼠疫在 1894 年爆發後，接著 30 年間每年鼠疫都「重臨」香港。當時政府認為只要搞好地區衛生，就可以踢走鼠疫，於是，就開始在各區建設不同的公共浴室供人使用，而這些衛生設施集中在當時鼠疫的重災區，即華人居住地，例如西營盤一帶。屹立在西營盤第二街的公共浴室，至今已有近百年歷史。

時至今天，大部分家庭都有沖涼設備，公共浴室是否已無存在價值了？非也！據知，西營盤是一個舊區，不乏一些住在唐樓和劏房的街坊，他們住在劏房，家中並沒有獨立的廁所，故會選擇在公共浴室梳洗；亦有習慣在周末到西環鐘聲泳棚游泳的街坊會到浴室沖洗身體。

被火燒過的嘉頓大廈

▲嘉頓大廈是二級歷史建築物

　　嘉頓，一個陪伴香港人成長的傳統品牌，幾乎每個香港人都一定吃過嘉頓生產的麵包、餅乾及各式甜點。

　　翻查歷史資料，位於深水埗的嘉頓大本營：嘉頓中心，1938 年開始投產，並為港府生產高營養及保存期特長的防空洞餅乾及軍用食糧。

　　二戰時期，香港淪陷，廠房曾被日軍佔用及搶掠。重光後，大樓成為政府物資分發中心，將糧食依政府定下的價格出售，為日後的生意打好基礎。

　　但好景不常，1956 年香港爆發雙十暴動，大樓曾被大肆破壞及縱火。

　　關關難過，關關過！嘉頓中心經歷二戰和暴動的洗禮，仍屹立不到。大樓於 1958 年擴建，並加高至七層成為現狀，並於 2018 年被評為二級歷史建築。

老香港潮語

▲以為潮語是現代人的專利？非也！老香港的潮語也一籮籮！

香港有不少俗語反映著舊時年代的文化，從認識俗語的來由，可以窺探出老一輩的真實生活。

【人物篇】

1. 鋹雞

「鋹雞」一詞用來形容霸道和不講道理的女人。

話說，在南漢時，廣東由劉鋹管治。話說，劉鋹（公元 942-980 年）為人非常霸道，平日喜歡鬥雞，每當鬥贏了，就會封那隻雞做官，行徑相當騎呢！每當雞奴捧著鬥雞在街上走過，路人都要走避，若走避不及，就要下跪相迎，否則會被治重罪。為免遭殃，劉鋹的鬥雞一出現，平民百姓都會互相通報，大叫「鋹雞到了」，好讓大家及早防範。

經過長時間的時代演變，出自劉鋹這個男人的「鋹雞」一詞變了性，成了霸道和不講道理的女人的形容詞。

2. 唔使問阿貴

「唔使問阿貴」一詞用來形容真相已經很清楚，不必多問。原來「阿貴」真有其人，他叫李世桂，是清朝光緒年間的人。他最初只是一名駐守廣州五仙門的兵頭，但他膽大妄為，竟然勒索進出城門的商旅，要他們交出銀兩才能放行。李世桂把貪來的金錢巴結上司，以換取升官的機會。後來，他如願以償，升官發財，貪婪的行為越來越猖獗。

不久，兩廣總督岑春萱到任，他大力整肅貪官，李世桂這名臭名遠播的大貪官很快落馬，更被判囚終身。李世桂被治罪，簡直大快人心，「問阿桂」這首歌謠更被唱至街知巷聞，歌詞第一句就是「唔使問阿桂，阿桂如今實在慘悽。」

「唔使問阿桂」更成了流行術語，泛指不必查問，肯定是某人所為。

3. 阿茂整餅

「阿茂整餅」一詞用來形容「無嗰樣整嗰樣，多此一舉」。

原來「阿茂」真有其人，他的真名叫區茂，是昔日廣州市蓮香茶樓的做餅師傅。他手工一流，老婆餅皮蛋酥蓮蓉酥遠近馳名。區茂不以此為傲，還致力推陳出新，了解民眾的口味，創製各款市民大眾愛吃的糕餅。他經常走出舖面了解銷情，哪種糕餅售光，他就加「加碼」做該種糕餅，簡單來說，就是「無嗰樣整嗰樣」。

原本「無嗰樣整嗰樣」是讚揚阿茂盡心盡責，但經過時代演變，卻變成貶義詞，引伸出「畫蛇添足，多此一舉」的意思。

4. 二五仔

「二五仔」一詞用來形容「無義氣、出賣朋友」的人。

清朝年間，朝廷銳意打擊民間的反清勢力，曾大肆殲滅反清復明的秘密組織。後來，清廷查得少林寺與天地會有關係，於是派兵剿滅，並收買少林寺內武功排第七的俗家弟子馬寧兒。馬寧兒為錢果然出賣兄弟，令天地會成員死傷無數，其他會員不恥馬寧兒的行為，便稱那些告密者、出賣兄弟的叛徒為「二五仔」，2+5 = 7，此術語明顯在影射武功排第「七」的馬寧兒。

5. 大耳窿

「大耳窿」一詞用來形容放高利貸的人。難道放高利貸的人都有個大耳窿？非也！話說，開埠初期，華洋雜處，貧窮階層通常都是華人，他們每逢周轉不靈之時，就會向放高利貸的人借錢。當時放高利貸的人大多是戴白頭巾的「摩羅差」，「摩羅差」愛戴一隻大如銅元的耳環，所以，耳窿很大，有人索性稱他們是「大耳窿」。

6. 攝灶罅

為甚麼嫁唔出的女人要攝灶罅？話說，舊時開埠初期，一般老香港的廚房都有灶頭，上面放炊具，下面有灶口，以便放入柴草等燃料。一些富有人家的灶頭更大，用

來放柴草的灶口要設在灶頭後面，灶口的廚房牆壁之間有一道狹窄的通道，叫做灶罅。廚子煮飯時，若要加柴，就會呼喚身型嬌小的婢女穿過這狹逢，走入灶口放柴草。這些婢女都是雲英未嫁的女子，慢慢人們就將婢女攝入灶罅這個行為，來形容「嫁唔出、無人要」的剩女。

7. 定過抬油

以前香港有很多油莊，油莊更自設工場，生產生油。榨生油的方法是將炒過的花生放在油槽內，利用木楔逼壓花生，令花生的油脂溢出，從油槽流至出口處，再用木桶盛載花生油。接著，油莊工人要把花生油送到各分銷地點出售。油莊工人一點也不易當，油很敔貴，若抬油時偶一不慎，令油溢到地上，不但會令路人滑倒受傷，浪費了生油更會損失慘重。因此，工人抬油時手腳平穩、步履堅定。後來，人們把「定過抬油」來形容自己胸有成竹，穩陣無走雞之意。

【賭博篇】

自古以來，無論貧富，賭博都是民間的主要娛樂之一。本書之前介紹了不同賭博的玩法，由賭博衍生出來的術語也不少，以下是部份舉例：

1. 坐定粒六

「坐定粒六」意思指滿懷信心，勝算在握。話說，骰子是賭博的主要工具，以前民間有種賭術叫做「擲牛六」，即是兩名玩家各自擲一粒骰子，然後比誰的點數大。點六

最大，如果一方擲到點六，一定唔會輸。「坐定粒六」的古老潮語由此而生。

2. 七個一皮

「七個一皮」意思指時間趕緊，但越急越亂，搞到手忙腳亂，工作一團糟。此話何來？是來自以前很受歡迎的賭術——番攤。番攤的玩法，是莊家先把一堆好像圍棋棋子的攤子用殼盅蓋著，當眾人下注後，莊家會揭開殼盅，然後用竹籤扒攤，以四個一組，稱為「一皮」。扒到最後，若餘數是三，就叫「開三」。買中「三」的賭客就算贏。但莊家有時為了趕收工，不依慣例以四個為一組，而是以七個攤子為一組，這就叫「七個一皮」。

3. 收皮

「收皮」意思指快快收工，咪阻住地球轉。之前提及，以前興玩「番攤」，番攤的玩法是把攤子以 4 個 1 組來扒，當所攤子分好組後，就叫「收皮」，後來此術語引伸出「結束，收工」的意思。

4. 揭盅

「揭盅」意思指真相大白。此老餅術語也是來自賭術——番攤。莊家會用殼盅把所有攤子蓋著，當眾人下好注後，莊家就會揭盅，用竹籤扒攤子，賭客很快就會知道自己下的注碼是贏是輸。後來，此術語引伸出「結果公布，真相大白」的意思。

【物件篇】

1. 紮炮

很多人說，只要肯做工，香港餓不死人的。但戰後的香港，百物蕭條，貧苦百姓無論怎努力都好，餓死街頭都不計其數。即使餓不死，也要紮炮過日子。「紮炮」用來形容無錢開飯，餓著肚皮過活。

「紮炮」此話何來？事緣香港早年仍有許多炮仗廠，炮仗的製作過程是用紙捲成一個炮仗空殼，然後把一個個炮仗空殼排好，排列成六個形，再用繩圍著六邊形紮成一餅，這個工序稱為「紮炮」。接著，工人就會逐一在炮仗空殼注入火藥，然後密封，炮仗就大功告成了。

由於「紮炮」時炮仗殼內仍是空空如也，因此，後來人們將「紮炮」一詞用來形容人無錢開飯，餓著肚子過活。

2. 鱔稿

商業機構模仿記者的口吻，向新聞機構提供稿件，介紹其產品、服務或其他業務。這一類的「新聞稿」，即是俗語所說的「鱔稿」。這一類稿件帶有宣傳意味，不過這類宣傳較易被讀者受落，比起正式的廣告更「入屋」。

「鱔稿」跟「鱔」有甚麼關係？

話說，鱔稿的由來是中環威靈頓街南園酒家開始。一位陳姓商人每年入秋後，均宴請各報的編輯，主菜是生劏大鱔，大家飽吃一頓後，酒家便順勢現場派發宣傳單張，推介時令食材，特別是生劏大鱔等。本來酒家要宣傳，可

以在報紙上登廣告，但有人認為花錢在報社員工身上更實際，編輯們受了餐廳老闆的恩惠，也免為其難，在報紙一角撰寫數十字替人宣傳算是報答，後來鱔稿風盛，大量版面淪為鱔稿地盤，導致真金白銀的廣告大減，報社老闆下令禁登「鱔稿」，「鱔稿」一詞就流傳至今。

3. 電燈杉掛老鼠箱

「電燈杉掛老鼠箱」一詞，用來形容兩個人身高懸殊。此話的出處與 1894 年香港的一場鼠疫有關。

當時的衛生部門發現鼠疫是由老鼠身上的虱子傳到人身上，繼而將病菌再傳給市民。如果市民將死老鼠放進垃圾堆內，老鼠身上的虱子能輕易跳到人的身體，也會把病菌傳給人。因此，衛生部門呼籲市民合力協助將死老鼠放進密封的鐵箱之內，以抑止病菌蔓延的情況。

但進密封的鐵箱放在哪裡好呢？衛生部門就想出，把密封的老鼠箱掛在每條街道的燈柱上，市民一旦發現死老鼠就可以將牠們放進箱內，香港初期街燈的燈柱是用木杉來造的，故稱之為「電燈杉」了。

由於電燈杉極高，而老鼠箱又很矮細，掛在一起，就成了強烈的對比，自 1894 年以後，人們便使用「電燈杉掛老鼠箱」來形容那些高矮不相配的情侶。

鼠疫已經絕跡香港香港，但是這句術語一直流行至今。

4. 踎墩

香港早期，貧窮者眾，他們惟有靠勞力賺錢。當時貨運業發達，需要大量人手擔抬貨物。每天清晨有很多失業的男性會聚在中上環一帶的碼頭，等候僱主聘請做苦力。他們等得久了，就會索性蹲下來休息，俗稱「踎」；墩頭是用來縛船纜的矮柱，他們踎在位置較地面高的墩頭上。休息之餘，又容易給工頭看見，一舉兩得。後來，「踎墩」一詞就用來形容失業，無工開的意思。

5. 炒魷魚

人人都知「炒魷魚」即是被解僱，但「炒魷魚」此話何來？

話說，早期的香港，僱主會為員工包食包住，打工仔可以自備被鋪，晚上，在僱主店舖裡攤出被鋪就可以睡覺。如果員工被解僱，他就要捲起被鋪離開。魷魚受熱會捲起來，而被解僱的員工捲起被鋪這個動作就好像炒熟的魷魚一樣，人們就用「炒魷魚」來暗喻被辭退。

6. 拉布

近年，立法會議員不想某法案通過，就會千方百計拉布來拖延時間。

原來，「拉布」源自足球，在足球賽中，其中一方領先，為保不失，就會在中場把球傳來傳去，以拖延時間，直至比賽時間結束。他們這種傳波行為就好像紗廠工人一樣，為了讓染好的布快點曬乾，工人就會合力把布拉直，

在陽光猛烈的露天下拉來拉去，直至拉乾為止，過程非常費力，直把工人的體力都拉乾消耗。

後來，人們把拖延時間的行為叫做「拉布」。

7. 燉冬菇

「燉冬菇」一詞，源於警察。香港早期的警帽是沿用中國清朝的軍帽，它的形狀是上窄下闊，有如一枚未開得透的冬菇，帽是用竹片編織而成，俗稱「竹析帽」，由於這帽子形如冬菇，故才有「燉冬菇」一詞。

當一位警員表現良好，工作態度認真時，上級會派他擔任便衣警探。便衣警探是不必穿制服的警員，他可以穿任何服裝去執行職務，既然不穿制服，自然就不必戴上那頂冬菇形的警帽。但是，當這位便衣警探犯了規條，上級認為他不適宜擔任便衣警探，命令他穿回制服，他就要重新戴上這頂冬菇形的警帽，故此這位警員便被稱作「燉冬菇」。這話後來擴散到其他行業去，凡被降級或被解僱的人，都一律被稱為「燉冬菇」。

8. 食過夜粥

香港早期，平民百姓閒來無事喜愛學功夫，一來打發時間，二來保護自己。

話說當年武館通常在晚上教功夫，一眾徒弟學完功夫後都會非常肚餓，師母這時就會端出一大煲粥和炒麵，待徒弟們練習完畢後可以飽餐一頓。換言之，學過功夫的人都食過夜粥，漸漸地，「食過夜粥」就用來形容人學過功夫，打得幾下的意思。

水上人家（一）

▲筲箕灣是水上人家的聚居地

漁業是 19 世紀初香港主要的經濟基礎之一。據統計，香港開埠初期人口約 5650 人，其中漁民就有 2000 人之多。漁民沒錢買房子或租屋，惟有在沿岸地帶停泊「住家艇」或搭建棚屋居住，出海捕魚歸來後，就會走進「住家艇」休息，久而久，他們就有「水上人」的稱呼。

不少水上人居於香港仔、銅鑼灣、柴灣及筲箕灣一帶，其餘分佈在油麻地、大澳及其他島嶼如長洲、南丫島、蒲台島及坪洲等地方。

「住家艇」就是水上人居住的屋，是一般如非必要也不會開動的艇。「住家艇」一般為平底木船，長度由 10 米至 50 米不等。早期的「住家艇」沒有水和電的供應，照明要用「火水燈」，煮食就用「柴」作燃料或用「火水爐」，水則要向「水艇」購買。

「住家艇」的艇戶有貧、富之分。較為富裕的艇戶把

「住家艇」泊在岸邊，他們會買一台發電機來發電，或者從電燈公司申請一個電箱，從岸上邊拉一條很長很長的大電線接駁到「住家艇」供電；又會從岸上的石油氣舖買鑵裝石油氣來代替柴作煮食。

一般漁船均設有睡床，床身可謂「度身訂造」，不會過寬或過長。因為大海的浪大得把船拋上拋下，如果床位不合身會導致人前後左右跌盪受傷。

水上人怎樣吃飯？船上沒有空間擺放傢俱，因此他們是坐在地板上吃飯的。每逢過時過節，一行十幾人就齊齊坐在地板上吃「大鑊飯」，好不熱鬧！

漁船的船尾都會微微向上彎，用木板隔一個小間，間內有一個洞，就這樣蹲下來如廁，大小二便直落大海，不會積存，所以船內沒有異味。

不過，水上人起居飲食、大小二便都在艇上進行，加上避風塘裡的水流緩慢，所以艇四周都圍繞著污水和垃圾，充斥著腥臭味，又不時更有小孩墮海遇溺喪生。後來，岸邊一帶有大量徙置區、廉租屋及公共屋邨落成，讓水上居民遷移到陸上居住。加上，本港人口不斷激增，大型的填海工程始起彼落，棚屋被拆毀、「住家艇」被搬遷，沿岸地區建了高樓大廈，水上人的生存空間越來越少。直到70年中期工商業不斷發展，水上人的年青一代都上岸去打工，漁民日漸減少，漁業步入息微。

水上人家（二）

▲水上人以海為家，船為宅，坐在船頭吃飯是家常事。

　　早年的香港，漁業興旺，大多數漁民都居於海上。後來，香港仔、筲箕灣、西貢、長洲及大澳等漁港，既有避風塘停泊漁船，也有魚市場和天光墟買賣漁獲，此外，又有各式艇類在岸邊做炒小菜的生意，熱鬧非常，成就了典型的漁民社區。

　　平日，男人出海捕魚，剩下老弱婦孺，她們就會划著各類的艇做點小生意。當時，在水上人聚居的一帶，不時會有「粥艇」、「生果艇」、「雜貨艇」、「花艇」及「叉燒粉艇」等各式各樣的艇類出現。

　　「粥艇」及「生果艇」，顧名思義，就是賣粥及生果的；而「雜貨艇」是賣日用品的，如廁紙、餅乾及汽水；「花艇」卻不是賣花，而是「水上青樓」，艇家會用一塊黑布罩著艇身，所以「花艇」是很容易辨認的；「叉燒粉艇」除了賣叉燒粉外，也賣燒雞粉、燒鵝粉及以新鮮鮫魚

製成的手打魚蛋及魚片粉，湯是用「地寶魚」(即大地魚)或「梳籮魚」等魚熬製而成，這些魚毛雖曾被「街上人」認為是「下欄魚」，卻是水上人的佳餚。以前的「叉燒粉艇」只會在晚上出現，為市民提供了最好的「宵夜」。

隨著香港工商業經濟的發展，社會由漁村轉為轉口港，由傳統的漁農業主導轉成商業掛帥，本地的漁農業日漸萎縮。漁民社區已經消失，代之而起是由填海而成的高樓大廈。

水上人家（三）

▲筲箕灣的水上人住在住家艇裡，大澳的水上人則住在棚屋裡。

　　水上人說的基本上都是廣東話，但當中會夾雜很多獨特的、「街上人」聽不明白的用語，是一個沒有被記載的特別的語言，俗稱「水佬話」。

　　漁民一般不懂得寫字，因此，講水佬話的人，就被標籤為無知識的貧民，被受歧視。大家千萬別看輕「水佬話」，當中大有學問的。

　　以「大撈便」和「小撈便」為例，大家別以為在講大小二便。如果要在船上分左右，水上人不會說「左邊」和「右邊」，如果船主大喊「左邊」，但剛巧船尾的人背向站著，船主的左邊就變成了船尾的人的右邊。

　　以免混淆視聽，他們會以船頭為準，稱「大撈便」為「左邊」，「小撈便」為「右邊」。水上人雖然讀書少，但言語中反映出的方向感，不是一種大學問嗎？

　　以下是其中一些水佬話的例子及其意思：

水佬話	意思
呔魚	釣魚 (用漁杆釣)
下魚	釣魚 (用漁網釣)
攞魚	捕魚
開新	出海捕魚
揸呔	掌舵
起鎦	出發
扯波	打風
打石湖	行雷
落大喜	下大雨
好請	好天晴 / 風平浪靜
水乾	潮退
水大	潮脹
喋尾風	風求除下後立即前往捕魚
上水	購買食水
埋街 / 上街	到陸上去
放樂	不出海的人
一門錠	一個船錨
格勒頭	船邊上落的地方
卜面	甲板
灶倉	廚房
尾晒	滿
泥劑	數量少
一流	一次 (描述「開新」的次數)
撈便	「大撈便」是左邊；「細撈便」是右邊。
攞晒汪	俗稱「玩創晒個心」

儲錢神器：紅色豬仔錢罌

▲紅色膠豬仔錢罌沒有開口位，要放錢，首先要「劏豬」，即是用火熱熔入銀口。

現在說起儲錢，通常都會想起去銀行做定期，或是買儲蓄基金。

但7、80年代香港人，絕對會記得紅色膠豬仔錢罌，這個錢罌在當時是儲蓄的象徵！

紅膠豬仔錢罌剛買回家時，整隻豬仔是完全密封，入錢位也是封上的，要親自為豬仔開口，除咗用刀之外，亦可以用打火機燒熱五蚊銀，「趁熱」熱熔豬仔的入銀口。

紅膠豬仔錢罌在當年大受歡迎，幾乎每一戶人家都有一隻，在中國人的觀念中，肥豬是「富貴」的象徵，而紅色則代表了「吉祥」，所以紅色膠肥豬作為錢罌的這個配搭，絕對是中國人經過精心設計的！

只要錢罌一滿，大家就可以開始「劏豬」了！

兒時常穿的白飯魚

▲香港 70、80 年代尚未富裕，俗稱「白飯魚」的白布鞋成為學生哥及基層工人的「恩物」，時移世易，白鞋廠面臨需求減少而停產。

未穿過白飯魚的「千禧後」（指 2000 年或之後出世的人），乍聽「白飯魚」這個名詞自然會想起是魚。

「白飯魚」其實是一種廉價帆布鞋的俗稱，有着白色的帆布鞋身和單薄的橡膠鞋底（一般為綠色或黑色），一般的售價只需數十蚊港元，故此在早年曾成為不少中小學生上體育課常用的運動鞋。

此外，由於「白飯魚」的價錢十分便宜，亦是低下階層、晨運客、地盤和裝修工人常穿的便鞋。

但為甚麼這一對鞋會稱之為「白飯魚」？本來人們是稱為白鞋的，之所以有白飯魚這個花名，是因為「鞋」與「唉」諧音，中國人傳統上對「唉」這個發音有忌諱，不喜歡事事都「唉唉」聲，這對鞋子還叫白鞋——「白白咁唉」，就覺得更不吉利！

有些人覺得白鞋全身白色，看上去就像是兩條大大的白飯魚，於是便開始給它一個別稱——「白飯魚」，避免再使用白鞋（『白唉』）這兩字了。

久而久之，大家都習慣了叫白鞋做「白飯魚」了，反而他的原名白鞋就較少人說。

因為「白飯魚」的結構單薄，不能對雙腳提供足夠的保護，運動時容易受傷，所以現時已經越來越少人穿着它來進行運動，而「千禧後」長大的年青一輩甚至連「白飯魚」都未見過呢！

香港「工廠妹」

▲女性為香港早期的工廠提供大量勞動力

　　70 年代時，香港大量女性開始投入勞動人口中，因此「工廠妹」成為當時的流行用語。

　　第二次世界大戰結束後人口銳增，每家庭平均有 5 至 6 個孩童，以致家庭負擔十分大，而當時普通人仍然有重男輕女的觀念，結果，家中的女童因要到工廠工作而輟學。

　　1950 年至 1980 年是香港製造業發展十分蓬勃的時期，更是香港經濟的主要支柱。其中以輕工業為主，包括早期的塑膠花、紡織以至後期的電子產品、玩具、鐘錶等，都需要大量人手來製造，為女性提供大量的就業機會，幾乎大部分低下階層的女童都曾經在工廠工作過，而「工廠妹」這一詞才逐漸流行起來。

長毛怪、喇叭褲和迷你裙

▲ 喇叭褲是 70 年代老香港男女的最愛服飾

　　我們看回 70 年代的老電影時，會輕易發現當時的年輕男生都是興流長髮，而且他們的穿著往往是恤衫配喇叭褲，具有濃重的懷舊風味。

　　70 年代是香港經濟起飛時期，更是一個暴發戶興起的年代。70 年代的服裝潮流，不得不說迷你裙、「喇叭褲」、「鬆糕鞋」了。

　　當時香港製衣業發達，加上西方文化和電影明星影響，例如林青霞、林鳳嬌、胡茵夢等就經常穿迷你裙，而許冠傑等男明星亦經常穿喇叭褲，西式服裝廣泛流行，年輕女士愛穿迷你裙、「熱褲」；男士則流行穿著腰部狹窄貼身、褲管微闊的「喇叭褲」和恤衫。

搭電車「慢」遊港島

▲大家不妨坐坐電車，「慢」遊香港島一天。

香港節奏急速，甚麼都講求「快靚正」；惟獨電車，仍保持着那緩緩的車速，穿越大街小巷，記錄着我們的成長。過去 110 年，電車由單層到雙層，由帆布、木質上蓋到全密封式上蓋的演變都經歷了不少變化，然而那兩道黑色電車軌，駛過時發出叮叮之聲，都依舊是老樣子。

1841 年，香港開埠，香港島北部發展迅速。到 1881 年，香港人口已增長至 60,400 人，可是當時只有馬車、人力車和轎子等簡陋的交通工具，根本無法應付需求，急需引進大型運輸系統。香港電車終於在 1904 年 7 月 30 日正式誕生。

當時每輛電車都設有售票員賣票，售票員身穿白色制服及頭戴白帽子，電車的樓上樓下各一名。乘客雖然依例要自備零錢購票，但售票員仍會準備輔幣供找贖用。車票打孔是為表示車票已收費，以防售票員檢拾被棄的舊票再轉賣給乘客而中飽車費。早期的電車更設有歐籍白人稽查人員上車驗票，以防止瞞票。

1977 年起，電車公司廢除車票和票員賣票制度，改為在車內設置錢箱，由乘客自行投入輔幣。直到現時，電車上仍然保留錢箱，又增設了八達通機，市民無論投幣抑或「嘟」八達通都可以。

為甚麼九龍無電車？

電車路線分佈在香港島北部沿海地帶，東起筲箕灣，西至堅尼地城，並有一條支線通往跑馬地。點解九龍無電車？原來，當年電車公司曾一度規劃設計中是有覆蓋九龍半島的，但最後因九龍半島的街道太窄而擱置。

電車公司一直無放棄衝出港島的決定，並在 2013 年向政府推介，在啟德建電車系統，工程費估計只需 2 億 8 千萬元，因新型電車可透過地底電纜供電，毋須裝架空電纜，可避免視覺污染，而電車每程收費僅 3 元便可收支平衡。

此外，電車亦擬進軍新界，冀日後洪水橋及新界東北新發展區可引入電車。

電車抵坐至極！

1904 電車分頭等和三等，當年頭等座位收 1 角，到了 1946 年增至 2 角。1972 年等級制度取消後，所有票價劃一為 2 毫，直至 1975 年加至 3 毫。到了今天，電車收費也不過是 2 元 3 角，非常抵坐！

▲舊時的電車車票，左 1 是頭等票，中間是三等票，車票另一面還有廣告，物盡其用。

時代變！電話也在變！

▲當年，能擁有一部手提電話，絕對是身份的象徵。

水壺咁大的「大哥大」

現在我們使用手提電話機款式新穎、尺寸小巧，而且幾乎每人都有一部隨身，但原來在 80 年代，當時的手提電話體積竟然龐大如水壺一樣，即我們俗稱的「大哥大」！而且，價錢昂貴，只有極少數人負擔得起。

萬三蚊一部手機

80 年代最有型的「潮物」是什麼？當然是「大哥大」水壺電話。在 80 年代時，美國摩托羅拉公司研製出這款手提電話並逐漸在香港發售，當時這款手提電話尚未普及，而且價格更十分昂貴，一部「大哥大」在當年價值 HK$13,000，只有極少部分經濟實力較佳的人才買得起。

但為甚麼這款手提電話會被稱之為「大哥大」？有傳聞指這個稱號的由來是因為武打明星洪金寶。洪金寶是

當時電影業界第一位使用無線電話的人，而他在業界素有「大哥大」之稱，故當時的無線電話就便被稱為「大哥大」了！

「大哥大」在香港橫行了約10年，直到2000年開始，手提電話大幅降價，還越出越輕巧，時至今日，輕巧的智能電話已成為現代人日常不可或缺的電子用品之一。

家用電話時代的結束

根據統計，本港平均每人擁有2部手機，很多家庭甚至沒有家用電話，用手機取代。

回顧舊日的香港，手撥電話相信是不少人的兒時回憶，一插電話線即可用。

▲舊式手撥電話彈弓般的電話線，其伸縮設計便於收藏。

家家必備的暖水壺

▲「駱駝牌」暖水壺

現在一入冬，我們例必會使用電熱水壺，按一下掣就能夠享用熱水。

在 80 年代以前，幾乎家家都備有「駱駝牌」暖水壺，冒着寒冬回到家後立即從水壺中倒出一杯溫熱的水，是當時家庭的恩物。

「駱駝牌」暖水壺本港製造，真空水銀內膽，可保溫達兩天，熱水倒出來仍然滾燙。注意新壺或冷凍後切忌立即撞入滾水，應用暖水替內膽熱身，再注入滾水，保溫能力才得以完全發揮。在當時物質匱乏的時代，「駱駝牌」暖水壺因為其方便耐用、價廉物美而走進每一個家庭。

「駱駝牌」暖水壺除行銷本地外，更出口至東南亞、歐美各地。駱駝商標，形象鮮明；出產品質優良和耐用，信譽昭著，差不多是每個香港家庭必備之物，確是香港家品經典中的經典。

香港的「荷蘭水」

▲無論甚麼年代，各式汽水都同樣深受歡迎。

乍聽「荷蘭水」，我們一般都會以為是香水的品牌，但原來「荷蘭水」其實是我們現在經常會飲用的汽水！

但為甚麼汽水會被稱之為「荷蘭水」呢？

汽水之所以稱之為「荷蘭水」，是因為在清末期間由荷蘭傳入中國的，所以便被稱為「荷蘭水」。而早在 100 多年前，「荷蘭水」已在香港出現。但對於當時的市民來說，「荷蘭水」是一種十分奢侈的物品，因為價錢十分昂貴，所以並不普及。 直到第二次世界大戰後，因為太平盛世，人民生活安定，開始追求物質享受，而不同的汽水牌子也陸續出現，以致汽水的價錢越來越便宜，亦在市民的消費能力之內。

70 年代後，汽水的包裝越來越多，不止有玻璃瓶裝，更有罐裝出售，時至今日，汽水幾乎已成為我們的常用飲料之一。

樓下閂水喉

▲在制水的苦困年代，孩子生活雖貧亦樂。

60年代香港制水，是不少港人的集體回憶。

每4日供水半小時的歷史，令老一輩的香港人沒齒難忘。

「樓下閂水喉」究竟是甚麼？相信年輕一輩聽完都一頭霧水，樓下有交水費，是否閂水喉又關樓上的甚麼事呢？　這是因為現在的年輕一輩從未經歷過6、80年代制水的苦日子。

香港淡水資源缺乏，歷史上多次發生水荒。在1895年時，香港已經開始實施「制水」(「制水」又名「食水管制」、「有限制供水」)。而在60年代時香港出現了最

嚴重的水荒，全港水塘存水僅夠 43 天食用，因此政府便採取「制水」的政策，規定每天供水 4 小時，其後更改為每 4 天供水一次，每次 4 小時。

一家出動輪街喉

政府亦開放街喉或派食水車到缺水地區，「放水、輪水、載水、儲水」成民生一景。

此外，由於當年香港樓宇多為 3 或 4 層建築物，5 樓 6 樓還少有，所以那時候住屋的食水係統，全部由下而上，亦即水壓由樓下向上「谷」，遇上制水時期，短短幾小時的供水時間，人人同時用水儲水，水壓不足，住在樓上的人，常常得不到食水供應，即或有亦只是細流一線，那時候，就會向樓下的住客大聲求救，於是乃有「樓下閂水喉」這一呼號。

1963 年 12 月，總理周恩來下令開展東江——深圳供水工程，並每年向香港輸出最多 11 億立方米的東江水，以確保香港水源充足。時至今日，香港 8 成的淡水供應均來自東江，只有少部分依靠以天然集水方式所收集的雨水。在穩健完善的供水系統下，市民亦毋須再受制水之苦。

PART V

冷知識特輯

香港估你唔到系列

你以為自己十分熟識香港？但原來我們日常常見的事物，你都一問三不知！

本特輯作者捐窿捐罅，圖文並茂搜刮本港所有奇特的香港的事物，單看外表，你肯定估佢唔到！

每個爆趣個案都有個難估度，1 粒星為最易、10 粒星為最難，想知道自己到底有幾熟悉香港的事物？快快睇埋落去啦！

街邊熱氣球

難估度：**

單憑這幅圖，大家猜到是甚麼嗎？莫非香港都有熱氣球，而這個是熱氣球的出火位？

圖中的其實是煤氣街燈，用煤氣來發光，名符其實省電燈。現在全港只有四支煤氣燈，設置於雪廠街和都爹利街之間的樓梯。雖然這些燈的安裝年份不詳，但根據歷史文獻記載，這些燈在 1922 年就早已存在。

現在這些煤氣燈會在每天的傍晚 6 點，自動燃點至翌日早上的 6 點，並由煤氣公司供應煤氣和負責維修。

公園中的鳥籠

難估度：＊＊＊＊＊＊

圖中所見，這一個三尖八角的塔形物體，究竟是甚麼東西呢？難道是個鳥籠？如果是個鳥籠，那未免太大吧？

其實這座塔形物是「香港孤立危險物浮標」，通常設於海上，用來提醒船長駛船時不要靠近的標誌物。如發現海上出現這個浮標，一般都表示浮標下有沉船、淺礁、或者一些防礙船隻航行安全的水下物體。圖中這座浮標位於西環的卑路乍灣公園，但既然浮標是用在海上，為甚麼會在公園上呢？

原來這個公園以前是個海灣，就是叫卑路乍灣，後來填海後，便設立了這個以海洋浮標為主題的公園，園內擺放導航燈、領航燈座、保雕、警報銅鐘做展覽。

天台太空艙

難估度：*****

　　這裡是屯門某屋上的天台，如圖中所見，天台上有個渾圓的白色球體，球的表面還鑲著不少螺絲，難道是中國太空人環遊太空後，太空艙秘密降落到屯門？

　　大家都見這個「太空艙」有窗有門，就知道不是真的太空艙了。其實這是屋主在天台上的另一間小屋，是他們一次去韓國旅行時發現，覺得挺有趣，所以買回香港。

　　這座「太空艙」小屋，重 544.3 公斤，樓底 12 呎，直徑有 20 呎，裡面的實用面實更有 314 平方呎。別以為放在天台，夏天必定熱過蒸籠，皆因這座「太空艙」由 21 塊不傳熱的玻璃籤維組成，圓拱形設計更有助散熱，窗也可以對流通風，絕對不用擔心夏天在裡面會變乾蒸燒賣。

井中有井？

難估度：*****

　　這裡是灣仔的日本餐廳，餐廳內廁所旁的天井下，奇奇怪怪起了一個井，豈不是井中有井？究竟為甚麼會在這裡起一個這麼古樸的井呢？難道這口井，是以前有個名人在這裡投井自盡，為了記念他，才保留至今？

　　據店主所講，這座大廈本來是唐樓改成，已超過 60 多年歷史，這口井其實本來就有，後來他們在這裡開餐廳時，不但保留了這口古井，還在上層加上木架做裝飾，這個井中井，果然別有一番風味。

荒野中的古怪石陣

難估度：*****

　　圖中的石陣，有個環形深坑，中間有個正方石柱，可柱旁有一塊扁扁的圓石，究竟是何方神聖？難道是外星文明建造出來的石陣？抑或只是一個廢棄的噴水池呢？

　　其實這是碾磨作坊遺蹟，位於大埔的上碗窰村。古時候碾磨作坊的用途就是把瓷土碾成粉末，碾磨作坊用 14 塊花崗岩切成溝糟，整個環形直徑 3.93 米，正方柱旁的石餅叫石碾，主要利用畜力推動。大埔的上碗窰村在 1368 年的明朝，已有兩家製作青花瓷，分別是文氏及謝氏兩家，圖中的碾磨就是製作坊的遺蹟。

　　後來社會轉型，碗窰業向上北移，雖然內地當時都有製作的陶瓷，而且價錢便宜，但由於交通不便，增加銷往外國的青花瓷成本，於是香港人在內地引進白瓷胚，即是陶瓷未上色的半製成品，然後再在廣州一帶請畫師來港加工，令香港的廣彩工業名震海外。後來內地的青花瓷產量漸漸龐大，令香港的青花瓷業亦漸漸式微。現在大家可以到大埔上碗窰村的碗窰展覽館，參觀這個遺跡和展覽品。

銅鑼灣的機械鐵香

難估度：***

正如大家所見，圖中有一個像煮食爐一樣的基座，基座上有三支像拜仙人時燒的鐵香，究竟有甚麼用途呢？難道是自動燒香爐，用來方便一班不肖子孫燒香給先人？

這東西當然不是燒香用，而是用來製作熱狗，那三支香形的物體，其實是用來在熱狗末端刺出一個洞，然後在洞中放入其他配料和醬汁，食客在進食熱狗時，醬汁就不會擠出來，弄污嘴巴。別以為這三支鐵香的設計，是某位奇人想出來的最新點子，據老闆說其實 80 年代已經有了。

香港有時光隧道？

難估度：＊＊

究竟圖中的是甚麼呢？通風口？難道是時光隧道？

其實這是香港「雙塔型屋邨」中的天井式設計。大家在走廊處，可以從走廊的窗戶看到單位內的情況，如果居民不另加窗簾可說沒有任何私隱可言。

另外，它的天井設計令單位內光線不足，亦有礙空氣流通。即使有這些缺點，這種公屋一直沿用至今，如何文田愛民邨、沙田禾輋邨、大埔廣福邨等，但現在新起的屋邨已不再採用這種設計，所以這種天井式屋邨將買少見少。

無鈎釣魚區

難估度：***

　　大家見到的這個木牌，位於南丫島索罟灣，大家是否奇怪，釣魚當然用魚鈎來釣，能無鈎釣魚的姜太公在千多年前老早升仙了，那麼究竟是誰豎立這個木牌呢，有甚麼用意呢？難道想姜太公顯靈？

　　當然不是，這個木牌其實樹立在索罟灣一個釣魚場內，魚場不但有其他有鈎釣魚區，還設有這個無鈎釣魚區。據說，釣魚者只要眼到、心到、手到才可以釣到魚！

　　至於是否真的釣到魚，那就真的信不信由你了。

會展新翼?何翼之有?

難估度:*******

　　圖中所見,無論是本地香港人、海外旅客,還是強國自由行都必定認識的建築物,但原來這座建築的獨特外觀似一種動物,而且是有其寓意的,究竟是甚麼動物呢?會展坐落在海邊,難道是以貝殼做主題?還是以外星飛船做主題?寓意外星人入侵香港?

　　原來會展新翼的建築設計原意是模仿飛鳥,因樓頂分為 3 個弧形設計,中間的弧形樓頂模仿飛鳥的頭和身體,左右的弧形樓頂較細小,模仿飛鳥的翅膀,就像一隻展開翅膀的大鵬,而且座落在香港島的重要地區之一的灣仔,寓意香港鴻圖大展!但不少人覺得會展新翼比較像海龜。

巴士上的洗衣機

難估度：*****

　　圖中的箱四四方方，頂部有個洞，左邊還有一枝棍仔，難道是洗衣機？

　　當然不是洗衣機，而是 70 年代開始使用的巴士收費用的錢箱，用來收集巴士乘客的車費，上面的洞口，是入錢幣的地方，只要司機拉下左面的棍仔，在上層的錢幣便會掉到下層的儲幣間。

　　現在雖然仍有巴士設有車資收集箱，但外觀設計都跟以前大同小異。可是現在的人不太喜歡帶硬幣，所以車資收集箱逐漸被八達通機取代。有未見過巴士錢箱的的外傭，甚至會把八達通掉進去，所以大家要提醒家傭小心了。

不明痰罐

難估度：*****

　　圖中圓圓的物體，究竟是何方神聖呢？是高科技痰罐？還是阿爾蓋達最新發明，準備「進貢」給美國發動恐襲呢？

　　非也非也，圖中只是個明火煮食的爐具，叫火水爐。始創於 1880 年，別以為是咸豐年代的產物，一定只有頭上留長鞭的人用，其實在香港 7、80 年代也很流行，現在除了公公婆婆愛用，野外露營的人士也會用，當然外形會細小一點。

　　之所以流行至今，皆因煮食成本便宜，而且據食家蔡瀾所說，用火水爐打邊爐，食物更美味！但火水爐因為用火水做燃料，燃料用盡時要手動添加火水，一旦打翻或搶火，肯定燒得全家富貴！所以使用時一定要小心。

估你唔到咁大鑊

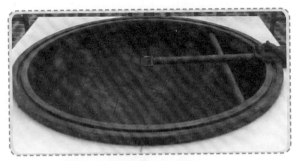

難估度：**

　　圖中有個大鑊，鑊的右邊有兩枝金鑷棒，呈十字形罷放，鑊的內側還有一些刻度，究竟這個鑊有甚麼用呢？斷估不是阿媽用來炒菜的大鑊吧？還是下雨時用來盛載雨水？

　　其實這個大鑊是個天文儀器，叫仰儀，由元朝天文學家郭守敬發明，用來測量天體球面的座標，以及觀看日食。這個天文儀器位於西貢北潭涌的天文公園，康文署為了推廣觀星及天體知識，所以設立天文公園，園內陳列了大大小小、千奇百趣的天文儀器，有興趣觀星的朋友可以到這裡，皆因這裡高樓大廈不多，視線不會受阻擋，是觀星的絕佳位置。

古時廁塔現街邊

難估度：*******

　　圖中放在荒野的兩個筒狀物體，究竟是甚麼呢？難道是古時的廁塔？還是裝死人骸骨的金塔？

　　其實這是古時用的糖絞，是用來製糖的工具，現在位於蠔涌大腦梅子林，是全港保留最完整的石糖絞。據專家指，石絞的中軸是木製，可用人力和畜力推動，四周曾經放置蔗和推絞，而且這兩個石絞應離地較高，以便接收蔗汁，但現在滿是泥土和樹葉，已跟原貌相差很遠。

原來別有洞天

難估度：*****

　　圖中所見的是沙田一間客家大宅門前，不過大家有沒有留意到，大門的右下角有一個洞呢？究竟這個洞有甚麼用呢？難道是用來拜神？

　　其實這個洞不是用來拜神用，而是用來給自家養的寵物貓狗用的，即是貓狗的專用出入口，可見客家人對家養貓狗有多麼重視。

　　圖中的大宅叫曾大屋，位於沙田博康邨南端旁邊，由來自江西客家人曾貫萬於清代所建。

　　之所以叫曾大屋，是因為二次大戰時，這裡是難民收容所，才得此尊稱。它之所以能在戰時收容難民，全因為本身已築有防禦設施，如吊橋、碉堡、瞭望台、護城河、槍眼（即槍孔）等，根本就是軍事要塞，別說以前海盜，連當時的日軍也忌之三分。

殺人刑具

難估度：**

　　圖中所見是一部木製的機器，外形像一隻蝸牛，頂部有一個四方形的漏斗，下方兩個出口位，驟眼一看，就像一部攪拌機，難道是古時的殺人刑具，用來攪碎人肉？

　　當然沒有碎人肉那麼恐怖，各位所見的，其真是打穀機。由於稻米有三層外殼，第一層是穀殼，最堅硬而且不宜食用。第二層是糠層。第三層是胚乳，即我們所吃的白米。

　　要打出白米，便要用圖中的打穀機，把外殼打脫，分離器把穀殼和白米分開，下面的兩個出口，分別是出穀殼(即穀糠)，以及出白米。

　　以前香港還有很多人種植稻米時，就是用這種打穀機加工出白米，這種木製打穀機現陳列於柴灣羅屋民俗館。現在香港雖然種植稻米的人很少，但還有農夫用打穀機來打米，只是改用了電力推動。

逆時鐘樓

難估度：********

　　圖中是個調景嶺建明邨一個鐘樓，但奇就奇在這個鐘樓的時針，會間歇性順時針跳一跳，不久又逆時針跳一跳，究竟是甚麼原因呢？難道這個鐘的設計師，將逆向思維的概念融入這個鐘樓上？

　　其實這個鐘樓有四面，這是其中一面，雖然外形像一個鐘，但其實是集風向儀和溫度計於一身，另外鐘樓有兩面同樣是時鐘，餘下一面是個濕度計，可說是多功能鐘樓。但這個鐘樓原來是 7 年前，由房委會贈送給建明邨的居民，但是送鐘送鐘（送終送終），未免太不吉利吧？

大型玩具車

難估度：*******

嘩！誰在駕駛這麼大的玩具車到處走？難道有超齡兒童無牌駕駛？

哦，原來是迷你消防車，但怎麼我們平時不常見呢？這款消防車主要用在香港各個離島，如坪洲、南丫島等。因為離島各街道比市區狹窄，所以它們外形設計迷你，方便穿街入巷，而且離島房屋只有數層樓高，不像市區樓那麼高，所以不用穿雲長梯。下次在離島看見這玩意，小心別讓小朋友爬上去當踫踫車來玩！

流動屋仔

難估度：****

圖中一排排的「屋仔」究竟是甚麼來的？難道是公用電話亭？還是看更亭，讓看更可以入內休息？

圖中一排排的「屋仔」其實是流動廁所，政府會在一些不能興建公廁的偏遠地區提供這類流動廁所，即使遠在郊區，我們都能夠大享「方便」之門，十分方便！

別看這些流動廁所細細間，有部份流動廁所其實五臟俱全，它們裝設了洗手盤及尿廁，我們在郊野地區解決了三急後，還可以洗手，認真衛生！不過，這些流動廁所的氣味的確有點令人難以忍受，這是當然的！因為流動廁所的都是蹲廁，在蹲廁下方會有個專門盛著大小二便的儲存器，不像沖水馬桶一樣能夠沖廁，當然臭氣沖天啦！

可是你或者會奇怪，無得沖走咁點算？正正因為這個原因，所以清潔工人會定時來回收流動廁所的尿盆，一點都不需要害怕尿盆中的是歷經萬年的萬年「屎」呢！

飲水飲坑渠水

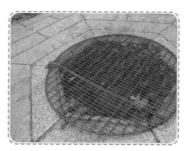

難估度：****

邊個無緣無故挖個坑出來害人啊？吓？坑裡面的水是用來飲用的？不是吧？整個坑都佈滿青苔，飲落肚會不會痛肚的啊？

這個類似坑渠一樣的坑，其實就是我們常常睇古裝劇見到的井了！

「但是古裝劇的井美觀很多，而且也十分乾淨！點似得這個井一樣咁污糟？」

你說得無錯，因為那些井是古裝劇裡的井，當然美觀！而我們見到這口井，卻是 200 多年前已經存在，經過時代變遷，現在已經變成一口文物井了！

這個文物井現在位於元朗，據鄧氏族人了解，這口井出現得比上璋圍立村時還要早，曾經一度成為坑頭和上璋圍兩村的食水主要來源，可說孕育了元朗鄧氏一族，更成為歷史的見證！

最長街道喺邊到?

難估度:****

　　香港數以千計的街道,究竟哪條街道最長呢?圖中有小小提示,長沙灣道?彌敦道?還是公主道?

　　要數到全港最長的街道,就非青山公路莫熟!因為它橫跨半個九龍,由長沙灣至荃灣、深井、屯門、元朗,甚至延至米埔和邊境落馬洲。全長 52 公里,即是要在紅磡海底隧道來回 26 次,才相當於一條青山公路的總長度!

行不完的天橋

難估度：＊＊＊＊＊＊

你知道圖中的行人天橋是屬於哪個地方嗎？莫非是上水出晒名的靈異天橋 ——「抉擇天橋」？

其實這是香港最長的鐵路行人天橋，位於荃灣，是連接荃灣站至愉景新城的行人天橋，足足有成 400 米！一般人行最快都要 15 分鐘先可以到達荃灣站，腳步慢點的話分分鐘要行成半個鐘，如把連接綠楊新邨至昌寧中心都在計算在內，則達 800 米，行都行死啊！

奪命長斜街

難估度：******

　　說到香港最斜的街道，大家會立即想起那條街呢？山頂道？炮台山道？芙蓉山道？

　　香港最斜的街道是正街，位於港島西營盤，以政府的標準，有 1:4 的斜度，如果你有心臟病，哮喘病和肺病，而又嫌命長，或想逞強，可以試試這條奪命斜街，或者上帝會提早接見你也說不定。

肥人最愁升降機

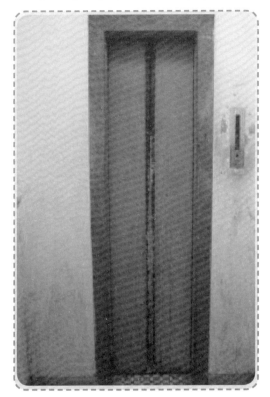

難估度：*****

你知道香港最窄的升降機門在哪裡嗎？在你返工的工業大廈？在你居住的住宅大廈？或是你以為這張是改圖？

其實這是香港最窄的升降機門，位於油麻地住宅的百達大廈，大廈升降機門的門闊只有 50cm，僅夠一個中等身材人士進入，而升降機內也僅可站立兩人！

巴士屠場？

難估度：****

　　大家所見，這裡有各種各樣的舊巴士，大部分都是香港以前用過的，但為甚麼會集體在元朗八鄉出現呢？會不會是因為巴士公司見這班老鬼行都唔行得，於是事事旦旦找個地方罷放，等候屠宰呢？還是外星人對這些四四方方，有輪的「生物」很好奇，於是集體綁架於此呢？

　　不用估了，這些其實是瘋狂香港巴士迷的收藏品，其中有很多都是絕版巴士，而且都是無價之寶。那麼他們是如何弄到手呢？不會是偷回來吧？當然不是，皆因香港一般的巴士服役 17 年後便會退役，巴士公司會向公眾公開招標，一般幾萬元就可以買到一輛，於是這班巴士迷便可以公開買巴士和收藏。

皇帝真跡現街頭

難估度：**

　　圖中柱上所寫的字，是出自何人手筆？不良少年？寫的字如此龍飛鳳舞，莫非出自宋朝末代皇帝，逃難來港的宋帝昺？

　　皇帝也不是全錯，但不是南宋皇帝，而是九龍皇帝曾灶財！曾灶財是街頭塗鴉者，而且喜歡用毛筆書寫，內容主要講述他自己以及家族往事。由於他的墨跡主要寫在九龍，所以有「九龍皇帝」之稱。

　　最鼎盛時期，曾灶財的墨跡版圖遍及九龍各區，如觀塘、尖沙咀天星碼頭、坪石邨、翠屏邨等，以至香港島的中環和西環等。

　　可惜他在 2007 年「駕崩」了，剩下來的手跡也相繼被食環署職員洗掉，現在只剩下坪石邨三山國王廟旁的燈柱位置，以及尖沙咀天星碼頭等地方。

工廈上的不明木箱

難估度：******

　　圖中所見，一個個木箱放在地上，背景後還有一座大廈，顯然這地方是某大廈的頂樓。不過，這些木箱看來絕非等閒之箱，但又有甚麼用呢？曬鹹魚？養雞？還是養鬼仔？

　　養鬼仔只是講笑，這些木箱其實是養蜂箱，是一個由英國回流返港的香港人所有。香港這個城市生活節奏急速，1秒等於紐約的1分鐘，哪有人還有閒遐養蜂，還要在市區養！他不但在大廈天台養蜂，還在天台種菜，並出售自己的蜂蜜和農作物，所以稱他為城市農夫絕不為過！

　　他的城市農場目前位於牛頭角某工廈，因為香港無論市區還是郊區都有很多花，而且蜂蜜的採蜜範圍廣，會飛到北角、鯉魚門、馬鞍山、九龍城，採蜜後再折返牛頭角，所以不用擔心採蜜不足。

佛寺藏屍

難估度：******

　　圖中的佛像成身金黃色，被收藏在沙田萬佛寺內，還要用玻璃保護著，究竟是甚麼佛呢？裝扮成個唐三藏般的樣子，難道就是去取西經，但不小心迷路來到香港的唐僧？

　　雖然他的外表裝扮很像唐三藏，但筆者可以肯定地說他不是唐三藏，而是沙田萬佛寺的始創人——月溪大法師，大家眼前所見的就是他的真身，甚麼？真身？報警啊！有佛寺藏屍啊！

　　各位先別大驚小怪，其實月溪大法師真身之所以陳列於此，皆因他在 1965 年某天，突然感覺到自己元壽將盡，於是臨終前吩咐弟子，在他死後將其肉身密封於木箱內，8 個月後再取出，結果法師肉身果然沒有腐化，於是弟子在他身上塗上金漆，擺放在沙田萬佛寺的萬佛殿中央，讓善信供奉。

　　據說這麼多年也沒有腐化，真的聞所未聞，難道真的有佛光護身？

古代奇床

難估度：***

　　圖中架著一支長長的樹枝狀物體，是香港某廟內供奉的「聖物」，但究竟是拜甚麼呢？樹枝？象牙？還是古代某奇人睡過的床呢？

　　這其實是長洲天后廟內的鯨魚骨！有近 10 呎長，而且已經供奉多年。因為鯨魚喜歡群居，又會互相照應，為免初生小鯨魚溺斃，母鯨和其他鯨魚會合力將其抬出水面。如果有同伴受傷，擱淺遇險，一定不會棄之不顧，會留在身邊照顧和陪伴牠，甚至造成了群體擱淺死亡！

　　就是因為這種高尚的情操，漁民覺得鯨魚是有靈性的生物，是天后或龍王的使者，所以將所捕獲的鯨魚殘骸供奉為「龍骨」，並希望仗著這些「龍骨」的法力而得到保佑。

　　現在香港部分離島的天后廟和海神廟，都仍有供奉這些「龍骨」，如長洲的北帝廟和關公廟等。

另類自修室

難估度：*******

　　圖中的學生在溫書，但她們背後放滿神像和拜神用的品，究竟這裡是甚麼地方呢？

　　這裡其實是尖沙咀海防道的福德廟，已有百年歷史，是尖沙咀唯一一間古廟，廟內主要供奉土地公公。而這些學生之所以在廟內溫書，因為據說在這裡溫書，成績會好一點。另一個原因是在數十年前，古廟對面在有一間自修室，因為常常滿坐，於是學生便來到這個地靈人傑的古廟溫書，而這個「習俗」便一直留至今日。

猛鬼邪異病院

難估度：***

　　這棟建築物是甚麼來的？難道是博物館？還是外國領事館？這棟古色古香的建築物前身是一間精神病院，一講到精神病院，大家可能九秒九就想起青山醫院，但青山醫院似乎未出現過甚麼鬧鬼事件喎？

　　其他精神病院的鬧鬼事件未必大家都知，但高街精神病院的鬼故大家一定略有所聞！

　　在二次大戰時，日軍便是以高街的精神病院作為刑場，而位於醫院前面的公園亦變成亂葬崗，當時醫術沒有現時那麼先進，精神病人通常都是進院「等死」的！70年代時，很多駕車人士當經過這裡時，都會聽到空屋裡面傳出一些慘叫聲，另外又有傳政府有意把它拆卸重建，但是在工程進行時，發生了很多怪事，更有工人離奇失蹤，所以才被叫做「高街鬼屋」……

　　不過大家不用怕，「高街鬼屋」現時已改建為西營盤社區綜合大樓，並已列為一級古跡。

住客有翼飛入樓

難估度：******

　　咦？放眼之下這棟富有南海風格的唐樓沒有甚麼特別，但細看之下，唐樓下層原來沒有大門！難道這裡的住客都有對翼，會飛上樓入屋？

　　這裡是灣仔的李節街 1 號，大家所見的這棟唐樓，其實是假的！唐樓正面的順利公司、永盛隆金鋪、木窗框、排水管、煤氣燈、古鐘和關公掛畫，通通都是假的！唐樓的背後更是甚麼都沒有，只有一棟牆，三層樓高的唐樓，只有大約 140cm 寬。

　　這棟奇特的「唐樓」，在 1994 年落成，由末代港督揭幕，前身其實早已經在 90 年代因舊樓重建而拆卸了，不過政府為了保留灣仔舊區特色，所以在唐樓的原址建這座牌樓。

估你唔島

難估度：*****

　　這是香港那個離島？被香港人插過國旗的釣魚島？浦台島？還是坪洲？

　　如果你答坪洲，也許只答對一半，因為還差一個「東」字在前——東平洲。東平洲位於香港東北部的大鵬灣，原名是平洲，為免跟大嶼山附近的坪洲混淆，故改名為東平洲。東平洲是香港內陸本土最遠的離島，也是最貼近內地的離島，從深圳坐快艇到東平洲，只要大約花 10 分鐘便可以到達。

　　東平洲全長約 600 米，形狀如一彎新月，正正因為這個離島較細，居住的島民亦不多，只有約 10 人左右。其實東平洲曾經都有不少漁民聚居，不過當年香港日治期間，日本人登島後便把島上的漁民趕到香港內陸，令島民數量大為減少，直到現時只有幾戶人家及幾間士多店賣些簡單的零食和飲品。雖然東平洲人口不多，但是因為漫山遍野都是奇岩怪石，因此成為香港著名的觀石勝地，不少人都特意前往參觀。

郊外陰屍路

難估度：*****

　　放眼一看，你或者會想圖中只是一條普通的郊區小徑，並大罵作者分明在騙稿費！仔細看看，圖中小徑以碎石墊底，用木條鋪在其上，小徑的邊緣有黑黃間隔的塗色，便知道這不是條普通的小徑，但究竟這條小路本來有甚麼用途呢？

　　這條非一般的小路是位於沙頭角，本來是一條火車路軌，小路的木條其實是路軌的枕木，墊底的碎石當然是火石。香港早期除了現在的東鐵線，還有兩條鐵路支線，其中一條就是在 1912 年開通，1928 年廢棄的沙頭角支線，由東線的粉嶺站延伸至沙頭角，共有 3 個站點，包括洪嶺 (現在仍存在)、禾坑、石涌凹，圖中就是石涌凹路段中的一小段。至於另一條，如果你答陰司路，或許沒有錯，因為第二條支線是由粉嶺站來往和合石。由於在日治期間很多市民枉死，為了方便處理屍體，當時的九廣鐵路局在 1949 年興建和合石支線，把屍體運往和合石火葬場和墳場，每年清明節和重陽節，前往掃墓的人也是乘搭這條支線，該線在 1983 年才停止運作。

進擊的巨手

難估度：********

大家猜一猜，這是甚麼？上帝之手？瞑王之手？還是石化進擊的巨人之拳？

如果真是進擊的巨人，只有李氏力場擋風擋雨的香港，不知能熬多久呢？放心！這只是黃竹角咀的岩石群，大家說是不是像鬼手呢？

大家如果想前往黃竹角咀觀看鬼手，可到三門仔、烏溪沙或塔門租小艇過去。